KB138976

1판 3쇄 발행 2020년 10월 20일

글쓴이	최정원
일러스트	김규준

펴낸이	이경민
펴낸곳	(주)동아엠앤비
출판등록	2014년 3월 28일(제25100-2014-000025호)
주소	(03737) 서울특별시 서대문구 충정로 35-17 인촌빌딩 1층
전화	(편집) 02-392-6901 (마케팅) 02-392-6900
팩스	02-392-6902
전자우편	damnb0401@naver.com
SNS	

ISBN 979-11-6363-010-4(43190)

4차 산업 시대의 일자리 혁명

청소년이 꼭 알아야 할

2030

뜨는 직업

지는 직업

최정원 지음

동아엠앤비

들어가며

    인공지능 컴퓨터 알파고가 한국의 이세돌 9단을 이겨 사람들이 충격을 받은 지 얼마 되지 않았다. 그 사건은 전 세계 사람들이 보는 앞에서 드러난 현상일 뿐 우리가 평범한 일상을 지내고 있는 오늘도 세계 곳곳에서는 발전된 과학 성과를 산업 현장과 일상생활에 적용하기 위한 연구와 실험들이 진행 중이다. 하지만 이러한 성과들이 사회에서 관심을 불러일으키며 뉴스로 떠오를 시점에는 이미 그 산업 분야에서 유리한 위치를 차지할 수 있는 가능성은 크게 떨어져 있는 상태가 될 것이다. 인기 직종으로 떠오른 해당 분야로 진입하려는 수많은 사람과 경쟁을 벌여야 하기 때문이다.

    미래에는 의학 기술의 발달로 인해 인간의 수명이 연장될 것이므로 살아있는 동안 해야 할 일에 대해 미리 준비하고 생각해 보아야 할 것이다. 단순노동은 기계가 대체할 것이 분명하므로 인간이 맡아서 할 일의 대부분은 고도의 과학기술을 모르고서는 다룰 수 없는 것이기 때문이다. 미래에는 한 사람이 평생 하나의 직업을 가지는 일이 드문 일이 될 것이다. 긴 인생 동안 적어도 두 가지 이상의 직업을 가져야만 살아남을지도 모른다.

우리는 현재에 발을 딛고 서서 미래를 준비해야만 할 시점에 있다. 따라서 늘 신기술과 신지식에 눈과 귀를 활짝 열어야 하며 언제나 열린 마음으로 성실하게 새로운 것을 탐구하고 시도해 보아야 한다.

청소년 여러분이 살아가야 할 시대에는 A.I.가 상당한 분야에서 인간과 동등하게 진출해서 활동할 예정이다. 그러므로 미래에는 어떤 기술이 선보일 것이며 기계와 컴퓨터가 대체할 수 있는 일들은 무엇이 될지 알아야 한다. 물론 아무리 과학기술이 발달해도 세상 변화와 상관없이 '인간'만이 할 수 있는 일은 무엇인지 파악하고 준비하는 일은 아주 중요하다.

이 책을 쓰는 나 또한 인생의 후반부를 어떻게 살아가야 할지 기획하고 있다. 청소년 여러분에게 이 책이 첫 직업을 선택하는 순간부터 인생의 마지막 직업을 선택하는 순간까지 모두 망라할 수 있는 자료집이 될 수 있도록 노력했다. 여러분에게 끊임없이 자기 개발을 하게 해 주는 원동력이 되고 미래를 준비하는 데 조금이나마 보탬이 되면 좋겠다.

최정원

차례

미래에 부상할 직업 🔍

프롤로그

한 세대 이후,
우리는 무엇을 하며 살아가고 있을까?

월요일이다. 거리는 어김없이 앞만 보고 달리듯 걷는 사람들로 가득하다. 주요 도시의 대로를 바쁘게 걷는 이들은 대개 직장인이거나 자신의 생업을 위해 뛰는 사람들이다. 10년 후 아니 20년, 30년 후에도 이 사람들은 지금처럼 직장에 가기 위해 종종걸음을 치고 있을까. 그들이 다니는 직장은, 아니 그들이 종사하는 직업은 그때까지도 건재할까?

지금으로부터 약 한 세기 전에는 물장수[1], 한 세대 전에는 키펀처(컴퓨터용 카드에 천공기로 구멍을 뚫는 사람), 주산학원 강사 등 요즘 사람들

---

1 생수를 파는 대리점이 아니고 그야말로 강이나 샘, 우물 등에서 물을 퍼 물이 귀한 지역으로 날라 물을 파는 사람을 말한다. 한 세기 전에는 산동네, 강이 멀고 도심에 있는 시장 지역처럼 우물을 파기에 적당하지 않은 지역으로 물통에 물을 담아 배달해 주는 물장수가 있었다. 택시 대신 인력거꾼이 활동하던 시절에 사람들에게 꼭 필요한 직업이었다. 김동환의 시처럼 가족을 위해서는 어떤 일이라도 하는, 함경도 지방에서 온 '북청 물장수'가 가장 신속하고 억척스러우며 신뢰가 가는 물장수로 유명했다.

이 보기에 생소한 직업도 많았다. 당시에 미래를 예견하고 자기 자신의 능력을 향상시키기 위해 새로운 정보통신 기술에 매진하던 사람들 중에 어떤 사람은 홈런을 쳤고 어떤 사람은 삼진아웃을 당하기도 했다. 어떤 기술은 예견보다 너무 빨리 발달했고 어떤 기술은 그보다 너무 느렸던 까닭이다. 혹은 기술을 발전시키고 보니 그것을 대체할 다른 기술이 이미 개발되어, 개발자에게는 안타까운 일이지만 사람들에게 알려지기도 전에 사라지는 일이 수없이 많았다.

전보다 사회의 발전 속도가 훨씬 빨라진 지금, 과거에 경제적 안정이나 사회적 지위를 보장했던 직업이 과연 우리 자녀 세대에도 유효할지는 의문이다. 좋아하는 일을 함으로써 결과적으로 경제적 안정을 얻고 삶의 질을 높일 수 있다면 그야말로 금상첨화이겠으나 자신이 좋아하는 일과 자신이 해야 할 일이 늘 일치하는 것은 아니다.

특히나 요즘은 전통적인 가장의 개념조차 바뀌고 있다. 남자 혼자 경제적인 짐을 지는 사회도 아니고 남녀를 떠나서 한 가지 직업만을 강요하는 사회도 아니다. 오히려 자신의 적성을 잘 살려 일하면서 보람을 얻는 방법으로 두세 가지 직업을 가진 사람도 드물지 않은 사회가 되었다. 또 예상 수명이 늘어나면서 한 사람이 평생 가지는 직업의 수는 갈수록 늘어날 전망이다. 따라서 지금 일정한 직장이나 직업이 있다고 해도 훗날을 위해 다른 직업군에서도 경쟁력 있는 사람이 되어야 하는 것이다. 인간이기에 성공 여부를 100% 예견할 수는 없지만 미래를 준비하는 것은 언제나 필요하고 보람 있는 일이다.

경제적인 면과 삶의 질이라는 면을 동시에 충족시키는 일은 시간을 거슬러 올라갈수록 점점 수가 적어진다. 반대로 시간이 가면 갈수록 직업 선택의 폭은 커지고 근로와 취미, 특기 사이의 구분도 모호해진다. 한 사람이 자신이 좋아하는 분야의 예술가이자 전문직 종사자인 동시에 사업체를 운영하는 경제인인 경우도 드물지 않다.

하지만 아무리 여러 직업을 가진 시대가 왔다 하더라도 '직업'으로 삼을 일은 어느 정도의 전문성과 적지 않은 시간 투자를 요구한다. 만일 누군가 자료를 제공한다면 직업을 찾아 방황하는 시간만이라도 절약할 수 있다. 따라서 이 책에서는 미래에 사라질 직업, 앞으로도 살아남을 직업, 향후 한 세대쯤 후에 대세가 될 직업에는 어떤 것이 있는지 미리 짚어 봄으로써 여러분이 미래의 준비된 젊은이로 살아갈 수 있는 길을 제시하려고 한다.

2010년 영국은 정부 차원에서 2010년부터 2030년까지 등장할 미래 직업에 대한 연구 결과를 발표[1]했다(www.fastfuture.com). 여기서는 지금까지 이룩한 성과를 바탕으로 앞으로의 기술 수준 동향을 각 영역별로 분석한 후, 이러한 과학기술의 발전에 필요한 향후 수요를 예측하여 미래에 등장 가능한 직업들을 제시하고 있다.

이 연구는 대개 '범세계적(Global)'인 추세와 교류를 강조하고 있지만 그중에서도 우리나라가 특히 강점을 지닌 영역과 비교적 뒤떨어진 영역을 반영하면 우리에게 꼭 맞는 미래 직업을 예측할 수 있을 것이다. 이 책에서는 이 연구 결과를 참고해 세계는 물론 한국에서도 통할 직업들을 문화적 차이를 고려하여 선택해 보았다.

다만 사람이 살아가는 기본적인 필수 조건에 속하는 분야는 그대로 존속하거나 적용 형태나 이름만 바뀔 것이다. 따라서 앞으로도 존속할 기존의 많은 직업을 일일이 설명하는 대신 공상과학 소설에서나 가능할 것 같은 비교적 생소한 직업 위주로 소개한다.

---

1 "The shape of jobs to come: Possible New Careers Emerging from Advances in Science and Technology(2010~2030)." 보고서.

공해 방지 총괄자

공해 방지 총괄자의 필요성 대두

과학의 발달은 산업에 가장 먼저 적용되고 영향을 끼친다. 산업이 발달함에 따라 예측하지 못했던 부작용도 따르기 마련이다. 일본의 경우 "특정 공장에 있어서 공해 방지 조직의 정비에 관한 법률"이라는 법을 제정해 이런 문제를 해결하고 있다. 이 법률에 의해 공해를 유발할 수 있는 기업에는 공해 방지 총괄자를 두는 게 의무화되었다.

이 법을 살펴보면 "공해를 유발할 수 있는 일을 총괄하는 사람은 사업 실시를 총괄 관리하는 자"라고 쓰여 있다. 실제로 총괄 책임은 그 업체의 대표에게 있다. 그러나 회사 대표가 특정 제품군이나 모든 생산라인에서 야기되는 일을 모두 파악해서 처리하기란 쉽지 않다. 따라서 사장 급에 속하는 지위에서 공해와 관련된 모든 사고 방지를 맡는 책임자가 필요한데 이 사람이 바로 공해 방지 총괄자이다.

2012년 9월 27일, 경상북도 구미시 산동면 봉산리 일대 제4국가산업단지에 위치한 ㈜휴브글로벌에서 작업 노동자의 실수로 불산가스가 누출되는 사고가 일어났다. 그 결과 농작물들이 모두 말라죽고 주민들은 온몸에 물집이나 반점이 생기는 등 엄청난 재앙이 나타났다. 이 사고로 봉산리와 임천리는 재난지역으로 선포되었고 이 부근에서 자란 과일과 농산물은 '절대 식용 불가' 판정을 받았다. 이 사고가 초래한 엄청난 결과는 우리나라에서도 특별법을 제정해 일본과 같은 공해 방지 총괄자를 의무적으로 선임할 필요성을 절실히 느끼게 해 주었다.

공해 방지 총괄자의 주요 업무

우리나라에는 아직 법이 없으므로 일본 법을 참고해 공해 방지 총괄자가 하는 일을 소개하면 다음과 같다. 공해 방지 총괄자는 "매연, 제품의 생산·처리 과정에서 나오는 오수(더러운 물), 폐액(쓰고 버린 액체), 소음, 분진, 진동 등에 대해서 공해 발생 시설의 사용 방법 감시, 처리 시설 및 부속 시설의 유지 사용, 오염 상태의 측정 및

수질 오염을 측정하는 공해 방지 총괄자

기록, 그 외 공해 방지에 관한 주요 업무"를 총체적으로 관리하는 사람이다.

일본에서는 주식회사 JFE스틸 동일본제련소 치바 지구와 주식회사 소화전공 치바 사업소의 수질 오탁 방지법 위반, 코베 제강소의 제철소 매연 배출 데이터 허위 기재 등이 문제가 되면서 관련 산업 전반에 대한 검토가 이루어졌고 몇몇 기업이 그동안 법을 위반했다는 사실을 알게 되었다. 그 결과 기업은 돈만 벌 것이 아니라 사회에서 차지하는 지위와 특혜만큼이나 사회적인 책임(CSR)도 수행해야 된다는 여론이 일게 되었다. 일본 정부는 공해 산업에 대해 광범위하게 조사하여 공해 방지 총괄자의 업무와 의무 등에 대해 다음과 같은 지침을 마련하게 된다.

① 경영자 또는 담당 임원에 의한 전사적 공해 방지 관리 방침 책정

② 사회 요청에 따른 공해 방지 관리 실시와 경영자 책임 체제 구축

③ 환경 관리와 경영 이념의 결부

④ 공장 공해 방지 관리에 대한 본사의 기여

⑤ 기업 그룹 전체에서 일체화된 공해 방지 관리 실시

⑥ 공장장에 의한 공장 단위의 공해 방지 관리 업무 운영

⑦ 기존 공해 방지 총괄자 제도를 활용한 새로운 공해 방지 관리 체제 구축

⑧ 내부 감사, 외부 감사의 활용

⑨ 공해 방지 업무의 책임 소재나 작업 순서 명확화

⑩ 문제 발생시 공장 내 대응, 본사나 지방 자치단체에 통보 체제 명확화

⑪ 종업원에게 기업 방침에 관한 교육, 윤리 교육, 환경 관련 교육 실시

⑫ 공해 방지 관리의 매뉴얼화 등 조직적인 대응

⑬ 외부 기관 활용

⑭ 이해관계자에게 정보 공개

⑮ 지역 이해관계자와 리스크 커뮤니케이션 촉진

⑯ 지자체에 의한 우수 대처 사례 소개와 사업자와 지자체의 협정 체결

⑰ 중소기업에 의한 지역 전체적인 대처

⑱ 기업과 지방 자치단체의 제휴

공해 방지 총괄자를 키워낼 수 있는 대학

현재 전문대학 및 대학교의 환경과학, 화학, 화학공학, 환경공학 등 환경 관련 학과에서 공해 방지 총괄자가 될 수 있는 기초 지식을 습득할 수 있다. 대부분의 산업 현장에서는 대졸 수준의 학력이 요구되나 분야에 따라서는 석사 학위 이상이 필요한 경우도 있다. 과학이 발달할수록 환경공학 전공자들이 할 일은 계속 증가하고 그만큼 사회 참여 기회가 많다.

예전엔 발생되는 오염 물질 처리 및 관리가 환경공학자들의 주된 임무였으나 최근엔 발생되는 오염 물질을 최소화하기 위한 생산 공정 변경 등 보다 적극적인 임무가 주어지고 있다. 따라서 양적·질적으로 환경공학자들의 위상은 계속 높아지므로 미래에 안정된 직업으로 자리 잡을 전망이다.

건국대 환경공학과 http://envtech.konkuk.ac.kr
경희대 환경학 및 환경공학과 http://env.khu.ac.kr/main.php
고려대 세종캠퍼스 환경시스템공학과 http://env.korea.ac.kr
서울시립대 환경공학부 http://env.uos.ac.kr

진출 분야

- 환경설비 제조업 분야(오염방지시설, 환경에너지, 친환경제품 개발)
- 환경오염방지시설 운영 전문기업, 환경설비 및 장치 전문 제조업체, 환경영향가 전문기업, 환경오염 물질 분석기관 등
- 환경건설업 분야(처리장 설계, 환경 관련 시설 건설업)
- 대기업(삼성, LG, SK, 금호, 기아, 대우, 현대, CJ, 포스코, 항공사 등)
- 환경관리 분야(오염관리, 연구개발, 기후변화, CDM(청정개발체제) 등)
- 국립환경과학원, 친환경상품진흥원(KOECO), 한국환경산업협회, 환경보전협회(KEPA), 한국화학물질관리협회(KCMA), 한국상하수도협회(KWWA), 한국정책평가연구원(KEI), 국립공원 등

- 정부기관(공무원, 공단/공사 등 정부투자기관, 국공립연구원)
- 중앙부처(환경부, 환경청, 건교부 등), 환경기술고시 및 환경 전문 행정직 및 연구원, 토지공사, 도로공사, 주택공사, 환경관리공단, 수도권매립지관리공단, 한국수자원공사, 한국환경자원공사, 한국가스공사, 한국전력공사, 한국건설관리공사, 한국환경기술진흥원(KIEST) 등
- 국토연구원, 한국건설기술연구원, 한국철도기술연구원, 한국해양연구소, 국립환경연구원, 한국환경정책평가연구원 등
- 환경생태학, 환경시스템 공학 등의 학과 교수 및 연구직
- 기타 분야(환경컨설팅 회사 등)
- NGOs(환경시민단체) 및 각종 국제기구
  국내: 환경사랑회, 녹색연합, 환경정의시민연대, 환경재단 등
  해외: 지구의 벗, 그린피스(국제환경보호단체), 세계자연보호기금, UNEP, 국제자연보호연합, 국제기후변화대책위원회 등

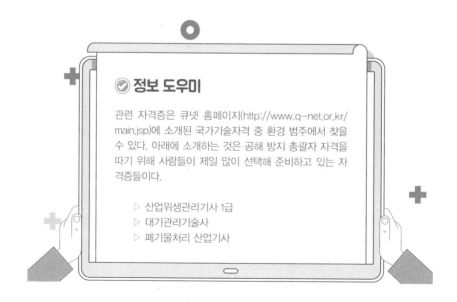

✅ 정보 도우미

관련 자격증은 큐넷 홈페이지(http://www.q-net.or.kr/main.jsp)에 소개된 국가기술자격 중 환경 범주에서 찾을 수 있다. 아래에 소개하는 것은 공해 방지 총괄자 자격을 따기 위해 사람들이 제일 많이 선택해 준비하고 있는 자격증들이다.

▷ 산업위생관리기사 1급
▷ 대기관리기술사
▷ 폐기물처리 산업기사

담수전환 관련직

▌담수전환이란?

우리나라는 세계적으로 산과 강이 많은 나라에 속한다. 사계절이 뚜렷하고 눈비가 많이 오는 기후 덕에 강에는 늘 물이 흐른다. 그런데 최근에는 모든 강이 예전 수위를 유지하지 않는 것으로 나타났다. 심지어 장마철을 빼면 일 년 내내 거의 물이 흘렀던 흔적만 보이는 강들도 헤아릴 수 없을 정도이다. 주거지와 공업단지 등이 들어서면서 산림이 훼손되다 보니 비가 그대로 바다로 흘러내려가기 때문이다. 강 상류 쪽에 댐이 들어서면 하류의 수위는 낮아지기 마련이다. 이런 현상으로 인해 우리나라는 물 부족 국가로 분류된다.

'삼면이 바다로 둘러싸인 나라가 물 부족 국가라니!'

많은 사람들이 이런 생각을 하기 쉽다. 하지만 물이 풍부한 국가인가 아닌가는 마실 수 있는 '담수' 양에 의해 결정된다. 우리나라의 연간 강수량은 1,274mm이다. 결코 적은 양은 아니나 국토가 좁아 인구 밀도가 높다 보니 1인당 마실 수 있는 물의 양으로는 충분치 못하다. 게다가 동쪽에는 대개 높은 산맥들이 있고 서쪽은 바다로 빠지는 해안지대인 동고서저 형태의 지형이므로 눈이나 비가 오면 순식간에 강이 불어서 경사를 타고 빠르게 바다로 흘러나가 버린다.

국민 한 사람이 1년간 사용할 수 있는 물이 1000㎥ 미만이면 물 기근 국가라고 부르고 1700㎥ 미만이면 물 부족 국가로 분류하는데, 강수량을 인구 수로 나누면 대한민국 국민 1인당 1700㎥가 안 되는 물을 사용하고 있어 물 부족 국가로 분류되는 것이다. 그렇다면 방법은 단 하나, 지구를 뒤덮고 있는 바닷물 즉 해수(海水)를 담수로 바꾸는 것이다.

이렇게 바닷물을 마실 수 있는 물로 바꿔 주는 기술을 가진 회사

가 바로 담수전환회사이다. 담수전환회사는 해수를 담수로 전환하는 기술을 개발하고 담수를 생산하는 기술과 지식을 가진 사람들에게 새로운 직업을 선사할 전망이다. 불과 몇십 년 전에는 아무도 돈을 주고 물을 사 먹게 되리라고 생각하지 않았지만 현재 생수회사들이 우후죽순처럼 생겨나 영업이익을 내고 있는 것을 보면 머지않아 담수전환회사도 하나둘 생겨나 앞으로 큰 직업군을 이룰 것이라 짐작할 수 있다.

┃담수전환회사에
┃취직하기 위한 준비

우리나라는 아직 물 기근 국가는 아니지만 앞으로 기근 국가가 되지 않기 위해 준비하고 있다. 세계 어떤 나라보다도 한국의 담수전환 기술은 뛰어나다. 1983년 11월 동아건설은 리비아에 수로를 놓는 프로젝트를 수주하게 되었다. 이 프로젝트는 1984년 공사에 착수하여 1991년에 통수식을 했다. 2001년 동아건설이 파산하여 법정 관리에 들어가면서 잠시 주춤했지만 우리나라에서 나머지 건설 공정을 마무리 짓기로 합의했다.

우리나라는 그동안 이 사업에서 축적한 기술력을 바탕으로 삼아 아랍권에서 기간산업 건설과 수로 건설 등 모든 분야에서 세계 1위의 업적을 쌓을 수 있었다. 2005년에는 두산중공업이 아랍에미리트(UAE)의 후자이라 담수화 플랜트 주문을 7억 9900만 달러에 수주하면서 담수전환에 있어서는 우리나라가 세계 최고 기술을 가진 나라로 인정받게 되었다. 두산중공업은 쿠웨이트에서, 한화건설은 오만에서 수주를 노리는 등 2016년부터는 그간 뜸했던 수주가 밀려들어 다시 중동지역에 담수전환 공사 붐이 일고 있다.

뉴데일리경제는 "해수 담수화 플랜트는 기후 변화 등으로 세계적인 물 부족 현상이 심화되고 있어 발주량 증가가 기대되는 분야"이며 "영국의 물산업 리서치 기관인 GWI는 세계 물산업 시장이 올해 736조 원, 오는 2025년에는 1084조 원에 이를 것으로" 전망하고 있다고 전했다.

우리나라에서 심각하게 물이 부족해지는 날이 언젠가 올지도 모르지만 큰 걱정은 없을 것으로 보인다. 우리나라의 담수화 플랜트 기술이 세계 최고이기 때문이다.

원래 물은 농도가 높은 곳에서 농도가 낮은 곳으로 흘러들어가게 되어 있다. 이때 생기는 압력을 삼투압이라고 하는데 반대로 농도가 높은 바닷물에 압력을 가해서 순수한 물이 흘러나와 담수가 되도록 하는 방식을 역삼투압 방식이라고 한다. 해수 담수화 기술은 MSF(다단증발법), MED(다중효용법), RO 등 세 가지가 주로 사용되며 혼합 방식이 플랜트에 적용되기도 한다. MSF와 MED는 해수를 가열해 담수를 얻는 방식이다. RO는 해수를 반투막에 통과시켜 담수를 생산하는 것이다. 때로는 화학약품을 넣어서 소금이나 불순물이 결합해 가라앉도록 하는, 즉 침전물이 생기게 한 다음 걸러내는 방식도 있다. 바다 밑 지하에 관정을 해서 물을 끌어오면 보통 바닷물보다는 담수로 바꾸기 훨씬 쉬우므로 현재 한국에서는 건설회사들이 주로 담수전환 플랜트

공사를 맡고 있다.

　　담수전환 방식을 이해하려면 화학적인 지식은 필수이며 그 시설을 만드는 건설 지식도 필요하다. 따라서 담수전환회사는 한 분야의 지식을 가진 사원들만으로는 운영할 수 없는 셈이다. 지금까지는 해외 물기근 국가를 상대로 플랜트 수출만 하면 됐지만, 한국에서 담수로 전환한 제품을 판매하려면 영업사원이 있어야 소비자에게 원활하게 공급할 수 있다.

　　담수전환이 일반적인 물 공급 방식이 된다면 담수전환회사를 건설하거나 해당 분야에서 일하는 연구원들을 제외하고는 담수전환회사도 결국 일반 대기업이나 중소기업과 다름없는 종합적인 회사 구조를 갖추게 될 것이다. 따라서 연구원이 되고 싶다면 고등학교에서 문과보다는 이과에 진학한 다음 대학에서 화학이나 건축설계학 등을 전공하는 게 유리하다. 또 단순히 그 회사의 사원이 되고 싶다면 해당 회사에서 요구하는 과목의 시험을 보거나 학교 성적에 따른 추천 등으로 입사할 수 있게 될 것이다. 중요한 것은 일반 영업사원으로 들어가더라도 자신이 다니는 회사의 주력상품에 대해서는 누구보다 많은 지식이 필요하니 해당 분야에 대한 지식을 쌓아두는 게 좋을 듯하다.

가상현실 법률가

'가상현실 법률가'라는 직업을 이해하기 위해서는 우선 가상현실에 대한 정의를 제대로 알아야 할 것이다.

가상현실(virtual reality)

가상현실이란 어떤 특정한 환경이나 상황을 컴퓨터 시스템을 이용하여 실제와 똑같이 느낄 수 있도록 만든 기술이다. 원래는 1960년대에 비행기 조종 훈련을 가르치던 모의 비행 훈련 장치에서 시작되었다. 1991년 걸프전쟁 때는 미군이 실제 상황에 대비해 훈련을 하는 데도 사용되었다. 현재 운전면허를 준비하는 사람들이 사용하는 컴퓨터 시뮬레이션 운전 연습도 기본적인 가상현실 응용 기술에 의존한다고 볼 수 있다. 요즘은 게임, 전시, 판매 설명회 등에서 다양한 수준의 가상현실 기술이 사용되고 있고 앞으로 연예, 의학과 생명공학, 설계 등으로 가상현실의 세계는 점점 넓어질 전망이다.

IT기술이 날로 발전하는 요즘, 가상현실은 점차 현실이 되어 가고 있다. 도시계획을 하거나 어떤 위험한 실험을 하기 전, 먼저 계측을 위해 확인해 보는 가상현실은 현재 조금씩 그 응용 분야를 넓혀 가고 있다. 지금은 컴퓨터 게임이나 영화, 도시 규모 건물의 운용, 전쟁 시뮬레이션 등을 위해 사용되고 있지만 가상현실은 앞으로 그 범위가 어디까지 확장될지 모르는 분야이다.

우리 생활에 전반적인 영향을 끼칠 가상현실이 현실화된 사회에서 어떤 문제가 일어날지 예측하고 적용하기 위해서는 법 제정이 필요하다. 그리고 이 분야의 전문적인 해결사가 필요하다. 아직 정식 명칭이 정해지지 않은 이 전문가를 가상현실 법률가라 부르기로 하자.

가상현실에서 일어난 범죄 사건

미래를 다룬 영화에서는 범죄가 발생할 때까지 방치하지 않고 뛰어난 예지력을 가진 사람의 뇌파를 이용해서 어떤 한 지역에 살고 있는 사람들이 범죄를 일으킬 확률이 100%일 경우, 가상현실로 확인하여 범죄가 일어나기 직전에 체포하는 치안 제도를 제시하고 있다.

그러나 아무리 예지력이 뛰어나도 신이 아닌 이상 일어나지도 않은 범죄에 대해 한 사람의 자유를 박탈하는 것은 심각한 인권 침해일 수 있다. 이 영화의 결말도 이런 위험성을 경고하는 것으로 귀결된다.

　하지만 생각이 말로 되고 그 말이 실현되는 확률이 상당히 높으며, 이 "말"은 범죄의 구성요건인 "고의"를 판단하는 데 중요한 단서가 되므로 황당해 보이는 이 영화는 사실 충분히 실현 가능성이 있는 상상을 바탕으로 한다. 그런 제도가 옳은가 그른가의 문제를 떠나 범죄 예정자의 심리를 분석해서 미리 검거하는 단계까지는 이르지 못했지만 사실 가상공간은 이미 사람들의 생활 영역에 편입되었다. 또한 필연적으로 범죄가 그 공간의 허점을 비집고 스며들고 있는 것이 현실이다.

　우리가 일상생활에서 체험할 수 있는 가상공간인 인터넷 게임에서는 벌써 게임 아이템들을 재화로 해서 수요와 공급이 이루어지고 있고 해킹을 통해 그 재화를 훔치는 사이버 범죄가 기승을 부리고 있다. 현재 법으로는 형법의 유추해석·확장해석 등을 통해 합법적으로 정가를 지불하고 산 아이템을 해킹해서 훔치는 행위를 절도죄로 처벌

할 수 있다.

그러나 유추해석이나 확장해석과 적절한 법리에 의해 판단하는 것은 큰 차이가 있다. 앞으로 게임 아이템처럼 간단한 것이 아니라 직접 사람의 뇌파에 위해를 가해 살인을 저지르거나 뇌에 저장된 기억을 가져갈 경우 등, 아직은 일어나지 않았지만 곧 일어날 수 있는 사건들을 전문적으로 다루는 법이 필요하게 될 것이다.

이 법을 적용하려면 IT에 대한 지식이나 관련 기술이 어느 정도 있어야 하므로 지금의 법률 관련 종사자들과는 차별화된 교육을 받은 인력이 필요하다. 따라서 법을 집행하거나 응용하는 사람들도 재교육을 통해 새로운 자격증을 가지고 활동하게 되리라고 본다.

▌가상현실 법률가가 하는 일

시간적, 물리적 효용의 극대화를 위해 앞으로는 직장생활이나 일상적인 일, 예를 들어 물건을 사고파는 행위, 우리의 실생활에 직접 영향을 주는 모든 일이 점차 가상현실로 구현될 것이고 그런 기술을 개발하는 동안, 각 경우에 직접 적용되는 법이 반드시 마련되어야 할 것으로 보인다.

만일 영화 〈써로게이트〉에서처럼 눈으로 입력되는 모든 자료에 과부하가 걸리게 해서 가상현실 이용자를 쇼크로 죽거나 뇌사 상태에 빠지게 한다면 지금 형법의 조항을 직접 적용하기는 어렵기 때문이다. 해를 끼친 사람이 죽이려는 의도가 있었다는 것을 증명하기도 어렵고 손끝 하나 대지 않았기 때문에 살인에 이르는 행동을 하지 않아 벌을 주는 것도 불가능하다.

그런데 어떤 행동이 어떤 결과를 낳을지 예상하고 증명할 수 있는 전문가가 있다면 범죄자들이 발뺌하기가 쉽지 않을 것이다. 그러므로 세상이 발전하고 가상현실이 우리 실생활에 깊이 들어올수록 가상현실에 필요한 법률을 연구하고 그 법률을 해석하거나 적용하는 전문가는 꼭 필요하다.

가상현실 법률가가 되기 위한 공부

가상현실에 적용되는 적당한 법안이 마련되면 그 법을 공부하는 것이 가상현실 법률가가 되기 위한 기초 조건이다. 현재 검사나 경찰은 범죄가 일어났을 때 사건을 검증하기 위해 범죄 현장에 직접 가서 조사하고, 범죄와의 관련성을 파악하려고 피의자의 직업과 특성, 범죄 심리 등을 연구한다. 마찬가지로 가상현실 법률가가 되려면 문제가 발생한 분야의 가상현실 특성을 연구해서 전문가가 되어야 문제를 해결할 수 있을 것이다.

가상현실 법률가가 되려면 다양한 분야를 공부해야 한다. 컴퓨터 가상현실은 물론 그것을 해결하기 위한 법을 모두 알아야 할 테니 말이다. 헌법, 형법, 민법, 상법 등을 공부해야 현실에서 법조인이 될 수 있듯이 우리가 사용하는 가상현실의 종류와 분야에 적용되는 각종 법률과 기술 관련 지식을 습득해야 가상현실 법률가가 될 수 있다. 가상현실이 어떻게 작동하는지 잘 알아야 하므로 컴퓨터 언어와 프로그래밍은 필수 지식이라고 하겠다.

우리나라 교육은 어느 정도 준비가 되었을까?

현재 정보화로 인한 제4차 산업혁명과 관련해서 K사의 고등학교 교과서 『사회문화』, 『경제지리』, 교육인적자원부의 『도덕』, G사의 『경제지리』 등에서 제4차 산업혁명인 정보 혁명 등

미래 사회를 준비하는 스마트 교육

을 다루고 있다. 그러나 아직 가상현실이라든가 증강현실 등은 최첨단 기술을 다루는 회사들이 기술을 축적해 나가는 중이라 대학에서도 이 분야에 능숙하거나 직접 이 기술을 능숙하게 구현해 내는 교수와 수업은 많지 않다.

2010년 이후 교육과학기술부는 2015년부터 초·중·고등학교에서 종이책 교과서를 없애고 태블릿 등 디지털 기기로 수업을 진행한다는 내용의 '스마트 교육 추진 전략'을 발표했다. 그동안 그 분야 종사자들은 새로운 디지털 교과서를 대비해 왔지만 계획은 더 미루어질 전망이다.

그러나 2016년 대구과학축전 행사에서는 청소년들이 가상현실을 체험할 수 있는 기회를 마련했고 몇몇 대학은 고등학생들이 대학생들과 함께 가상현실, 증강현실 등을 체험하는 특강을 진행하고 있다. 현실적으로 모든 고등학교에서 이에 대비한 프로그램을 가지고 있는 것은 아니지만 미래를 위해 교과 과정 전부를 새로 기획한 게임 고등학교도 곧 건립될 예정이다.

아시아경제 기사에 의하면 정부는 2019년 게임 마이스터고등학교를 설립할 예정이라고 한다. 2018년까지는 맞춤형 교과과정을 개발하고 현장실습, 취업 약정 등 산학 협력 프로그램을 마련한 다음 이를 신청한 교육청과 학교를 대상으로 설명회를 가지고 게임 문화 체험형 상담센터를 시범 운영하기로 했다.

2018년에는 자유학기제와 방과후 학교, 동아리 활동 시간을 이용해 창의력 개발 교육을 진행한다. 0~6시 사이에 16세 미만 청소년이 게임 이용하는 것을 금지한 '강제적 셧다운제'는 부모 선택제로 전환되는 등 문체부는 구체적으로 전략을 세워 실천을 촉진할 방침이다.

좀 늦은 감이 있기는 하지만 게임 마이스터고등학교가 생기면 고등학교 교과과정에서도 이제 가상현실이 지배하는 미래에 대한 대비를 할 수 있을 것 같다. 마찬가지로 인문계 고등학교에서도 미래의 스마트한 소비자를 양성하기 위해 새로운 교과목을 기획해 교육시켜야 할 듯하다.

04

국제의료관광
코디네이터

국제의료관광 코디네이터란?

그동안 코디네이터라는 말은 보통 연예계에서 가수나 배우의 옷과 액세서리 등을 잘 조화시켜 돋보이게 하는 사람을 일컫는 대명사였다. 때로는 미술 전시회나 각종 박람회에서 행사장을 꾸미고 기획하는 사람을 일컬을 때도 있다. 원래 코디네이터란 조정자를 뜻하는 것으로써 의견이나 어떤 일을 종합해서 관리하는 사람 혹은 진행자를 말한다.

성형 수술 등을 위해 한국으로 몰려드는 중국의 관광객인 유커들을 생각하면 이미 국제의료관광 코디네이터는 직업군으로서의 기반을 닦은 셈이다. 그러나 거의 유커들만을 상대로 하여 각 병원에서 해당 업무를 진행하는 사람들은 늘어가고 있지만 실제로 체계적인 교육을 받은 다음 일정한 자격을 거쳐 업무를 수행하는 단계에 이르지는 못하고 있다. 각국마다 의료 체계가 있을 텐데 이런 일이 어떻게 가능한지 지금부터 살펴보자.

세계 여러 나라는 물가도 다르고 과학의 발달 정도도 다르다. 따라서 각 나라의 화폐가치 또한 다르다. 대개 선진국의 화폐가치는 높은 반면 산업이나 과학이 발달하지 못한 국가의 화폐가치는 낮다. 만일 선진국의 산업이나 과학 수준에 뒤떨어지지 않는 의료 서비스를 제공하는 나라의 화폐가치가 낮아 의료 서비스 가격이 아주 저렴하다면 화폐가치가 높은 나라에서는 적은 비용으로 똑같은 서비스를 받을 수 있는 나라를 찾아가 의료 서비스를 받고 싶어 할 것이다.

대한민국은 전쟁 후 오로지 사람들의 지식과 근면함으로 오늘의 경제 대국을 이룬 나라이다. 그럼에도 세계 기축통화(국제간 결제나 금융거래의 기본이 되는 통화. 전에는 영국의 파운드화였지만 현재는 미국의 달러화이며 유로화도 기축통화 역할을 한다.)국인 미국이나 선진국으로 분류되는 나라의 화폐보다는 원화 가치가 낮은 것이 현실이다. 따라서 높은 화폐가치를 지닌 선진국, 혹은 중국처럼 인구수 때문에 상대적으로 부호가 많은 나라에서는 해마다 싸고 질 높은 의료 서비스를 받기 위해 우리나라로 오는 사람들이 늘고 있다.

최근 우리나라의 의료 서비스 비용도 점점 높아지고 있는데 만약 베트남이나 필리핀처럼 국민소득이 우리나라보다 낮은 나라가 획기적인 의료 발전을 이루어 우리보다 훨씬 싼 가격에 똑같은 의료 서비스를 제공한다면 우리도 그 나라의 의료 체계를 이용하기 위해 기꺼이 비행기를 타고 날아가 돈을 지불하게 될 것이다.

이렇게 화폐가치, 의료 서비스와 수준의 차이는 국제간에 '의료 서비스'라는 재화에 대한 수요와 공급을 활발하게 함으로써 보다 전문적이고 신뢰할 만한 거래를 요구하게 된다.

반면 의료 행위에는 필연적으로 사고와 부작용이 따르기 때문에 서비스의 가격 경쟁력뿐만 아니라 만일의 불상사에 대비한 법적인 지식, 서비스를 받는 동안의 시간 활용과 체류 기간 동안 쾌적하게 지낼 수 있는 정보 등 부수적인 수요를 총괄적으로 관리하는 사람에 대한 요구가 점점 거세질 수밖에 없다. 이런 필요는 국제의료관광 코디네

국제간 의료관광 제반 업무를 도와주는 국제의료관광 코디네이터

이터라는 전문 직업군을 양성하는 토양을 마련하게 될 것이다.

아프리카, 몽골, 중국처럼 화폐가치가 낮은 국가에서는 불치병에 걸리면 물가수준이 높은 서구의 선진국과 비교해 서비스의 질은 결코 떨어지지 않으면서 비용은 파격적으로 낮은 우리나라로 와서 치료를 받으려고 한다. 그래서 점차 우리나라를 방문하는 의료관광객의 수가 늘고 있다. 이들은 수술 일정을 기다리면서 한국의 문화를 체험하는 관광을 하기도 한다. 방문객들의 관광 일정을 잡아 주는 동시에 수술 후 예기치 않은 사고 위험을 관리해 주고 행정적인 절차를 대신 밟아 주는 국제의료관광 코디네이터에 대한 직업 시장의 수요는 머지 않은 미래에 더욱 증가할 것으로 예측된다.

▎국제의료관광 코디네이터가 되기 위한 준비

현재 국제의료관광 코디네이터가 되기 위한 길로는 '국제의료관광 코디네이터 국가기술자격 시험'이 있다. 정부는 2009년도에 의료관광을 '차세대 신성장동력 산업'으로 선정해서 추진해 왔는데 점점 외국인 의료관광객이 늘어가자 국가에서 필요한 인력을 양성하기 위해 이 기술자격증 시험을 마련하였다. 2009년 5월 의료법 개정을 통해 해외 외국인 환자의 국내 병원 유치 활동을 허용하게 됐다. 그 이전에도 유사한 시험들이 있었지만 모두 민간자격 시험이므로 2013년 이전에 민간자격 시험을 통해 이 업종에 종사하게 된 사람들은 국가기술자격 시험을 다시 치러야 한다.

응시 자격은 보건의료, 관광 분야를 대학에서 전공하는 것이며 비전공자는 대학 졸업 후 2년간, 전문대 졸업 후 4년의 실무 경력을 쌓아야 한다. 외국인을 만나 상담해야 하므로 기본적으로 영어를 할 줄 알아야 하고 자신이 일하고 싶은 지역 언어를 한두 개 더 알아놓으면 비로소 경쟁력을 가지게 된다.

국제의료관광 코디네이터의 자격 제한

위에서 밝힌 자격 조건을 가진 사람 중에서 공인 어학 성적이 일정한 점수를 넘는 사람만 국제의료관광 코디네이터가 될 수 있다. 아래 도표들은 국제의료관광 코디네이터가 전공해야 하는 분야와 공인 어학 성적 기준, 시험 과목 등을 보여주는 것이다.

① 영어

시험명	TOEIC	TEPS	TOEFL		G-TELP (Level 2)	FLEX	PELT (main)	IELTS
			CBT	IBT				
기준 점수	700점 이상	625점 이상	197점 이상	71점 이상	65점 이상	625점 이상	345점 이상	7.0점 이상

② 일본어

시험명	JPT	일검(NIKKEN)	FLEX	JLPT
기준 점수	650점 이상	700점 이상	720점 이상	2급 이상

③ 중국어

시험명	HSK	FLEX	BCT	CPT	TOP
기준 점수	5급 이상과 회화 중급 이상 모두 합격	700점 이상	듣기 / 읽기 유형과 말하기 / 쓰기 유형 모두 5급 이상	700점 이상	고급 6급 이상

④ 기타 외국어

시험명	러시아어		태국어, 베트남어, 말레이·인도네시아어, 아랍어
	FLEX	TORFL	FLEX
기준 점수	700점 이상	2단계 이상	600점 이상

(3) 시험 과목

구분	과목
필기 시험	1. 보건의료관광 행정 2. 보건의료 서비스 지원관리 3. 보건의료관광 마케팅 4. 관광 서비스 지원관리 5. 의학용어 및 질환의 이해
실기 시험	보건의료관광 실무

(4) 합격 기준

구분	과목
필기 시험 (과목당 100점)	매 과목 40점 이상, 전 과목 평균 60점 이상
실기 시험	보건의료 관광실무

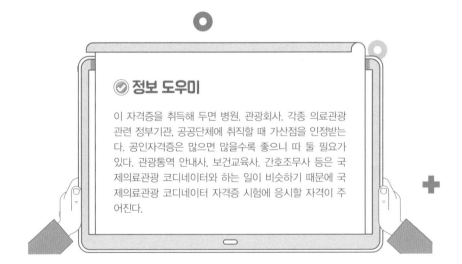

✅ 정보 도우미

이 자격증을 취득해 두면 병원, 관광회사, 각종 의료관광 관련 정부기관, 공공단체에 취직할 때 가산점을 인정받는다. 공인자격증은 많으면 많을수록 좋으니 따 둘 필요가 있다. 관광통역 안내사, 보건교육사, 간호조무사 등은 국제의료관광 코디네이터와 하는 일이 비슷하기 때문에 국제의료관광 코디네이터 자격증 시험에 응시할 자격이 주어진다.

나노의사

나노의사란
어떤 직업인가?

나노(nano)는 n이라고 표시하는데 10억분의 1(10^{-9})에 해당하는 국제단위계[SI: Système international d'unités, SI]] 접두어이다. 예전에는 밀리미크론(mμ)으로 표시했는데, 밀리미크론은 10^{-3}인 밀리와, 10^{-6}인 미크론을 곱한 10^{-9}를 일컫는 말이다.

나노기술은 현재 모공으로 화장품을 흡수시킨다든지 나노 크기의 탐침을 이용해 피부에 직접 꽂아 쓰는 의학용 센서 개발 등 아주 미세한 크기로 재료를 다루거나 처치하는 분야에서 성과를 내고 있다. 점점 기술이 발달하면 주사기로 나노기계를 혈관에 주입해서 원격조종으로 수술하는 일도 가능해질 전망이다.

이렇게 혈관에 나노기계나 의약품 등을 주입해서 병을 고치는 나노의사들은 막힌 혈관 벽을 직접 청소한다든가 청소한 후 나온 쓰레기들을 치울 수 있다. 또 혈관 벽이 터졌을 때 신속하게 나노기계를 주입하여 혈관 벽을 꿰매고 치료한다면 뇌출혈 같은 치명적인 병을 고칠 수 있다.

이보다 조금 더 발전된 형태는 유전자 이상을 치료하는 것이다. 예컨대, 21번 염색체가 정상인보다 하나 더 많이 생기는 다운증후군 같은 병을 고칠 수 있다. 다운증후군 환자는 어느 인종이건 공통적으로 비슷해 보이는 특징적인 얼굴을 가지는데 유전자 이상을 고치게 되면 이런 증상은 나타나지 않을 것이다.

나노의사가 되기 위한 조건

나노의사는 미세한 수술이 가능한 나노 의료기구를 가지고 질병을 치료하는 전문의사를 뜻한다. 나노기술이 발달하면 장차 직접 메스를 들고 피부를 절개하는 외과수술은 사라질 가능성이 높다. 수술 자국 또한 남지 않게 될 것이다. 아직 이 기술이 상용화된 것은 아니지만 최근에는 최첨단 영상 시스템과 의료용 로봇을 이용해 수술하는 일이 그리 낯선 것이 아니므로 곧 나노의사는 의료체계의 모든 분야에서 활약하게 될 것이다.

지금도 의사가 되기 위해서는 익혀야 할 지식과 기술이 많아 다른 대학보다 학부 수련 기간이 2년 더 길다. 그러나 나노의사들은 의학 지식에 나노기계를 자유자재로 다룰 줄 아는 능력이 추가되어야 한다. 현재 의학 시스템이 미래 의학 체계로 넘어가는 과도기에는 의과대학이나 대학원, 혹은 인턴이나 레지던트 과정 중에 나노의학과가 개설되어 앞으로 다가올 의료 개혁에 대비하게 될 것이다.

의사가 되기 위해서는 먼저 학부 6년간 의학 지식을 배우게 된다. 의과대학을 졸업하고 의사 시험에 합격하면 일반의가 될 수 있다. 그러나 거기에서 그치지 않고 인턴과 레지던트 과정을 거쳐 전문의 시험에 합격하면 자신이 전공한 과의 전문의가 된다.

미래에 각 의과대학에서는 나노의학과를 개설할 것으로 예측되는데, 나노의사가 되기 위해서는 이 나노의학을 전공으로 택해야 하

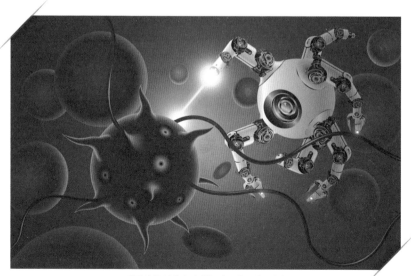

혈관에 주입해서 질병을 치료하는 나노기계

는 것이다. 나노의학이 하나의 독립된 과가 될지 각 과에서 다시 세부적으로 나노내과, 나노외과 등으로 나뉠지는 아직 확실치 않지만 앞으로 체계가 잡힐 의료 교육 시스템에 따라 나노의사가 되는 데 필요한 지식과 기술을 연마하면 될 것이다. 아마도 이 글을 읽는 독자들이 대학에 갈 즈음이면 의과대학에 적어도 나노의학이란 과목 정도는 생기지 않을까.

현재 나노기술이 활용되는 분야

현재 화장품 개발에 나노입자들이 많이 쓰이고 있다. 그 덕에 한때 피라미드식 영업과 판매로 사회문제가 되었던 암웨이 등의 외국 화장품 회사들이 이 기술을 활용한 국내 화장품 회사에 밀려나고 있다는 후문이 있다. 한국원자력연구원에서 개발한 화장품은 나노기술을 활용하여 현재 해외에서도 독보적인 입지를 굳히고 있다는 소식이 들린다.

나노입자는 모공보다 작기 때문에 피부 속으로 잘 침투하므로 화장품 개발에 활발히 이용되고 있다. 또한 나노 크기의 탐침을 통해 약이 주입되도록 피부에 직접 꽂아 쓰는 의학용 센서가 현재 개발되어서 실용화 단계에 있다고 한다.

나노의학은 지상에서 인간들이 벌이는 전쟁을 마이크로화 한 것과 유사하다. 폭격기는 적의 기지를 폭파하기 위해 계기판에 목표 지점을 정확히 입력하고 날아가 폭탄을 투하한다. 마찬가지로 나노센서는 암 같은 악성종양이 생긴 부위를 정확하게 표시해서 잘라내기도 하고 레이저로 태우기도 하며 약을 주입하기도 한다.

미국 스탠퍼드 의대 연구진은 특별히 개발한 나노입자 및 세 가지의 상이한 영상화 기법을 결합해서 뇌종양에 걸린 쥐의 종양을 최초로 초정밀도로 잘라내는 데 성공한 바 있다.

함께 생각해 보기

대부분의 첨단 기술은 역기능에 대비해야 한다. 나노기술 또한 마찬가지이다. 그동안 나노기술은 환상적인 기술 혁명으로 각광받았지만 몇 년 전부터 그 부작용에 대한 의문이 제기되고 있다. 세포벽을 통과할 정도로 작은 입자들이 세포 내에 축적되어 염증 등의 부작용을 일으키는 경우가 생겼는데 이때 축적된 부산물을 제거할 방법이 현재로서는 전무하기 때문이다. 병을 일으키는 박테리아나 바이러스가 돌연변이를 일으키면 항생제나 항바이러스제는 한 발 늦게 대처할 수밖에 없듯이 꿈의 기술로 각광받던 기술의 부작용이 뒤늦게 나타나면, 어느 정도 희생이 생긴 후에야 해결책을 찾을 수 있다. 나노기술의 더 큰 문제는 그 부작용의 심각함이 어느 정도나 될지 예측하기 어렵다는 것이다. 신의 영역에 도전하는 신기술에 관심이 있다면 부작용과 해결책을 늘 동시에 생각하면서 연구하는 습관을 들여야 한다.

신체 각부 생산자

인간의 삶은 유한하다. 인간만이 아니라 모든 살아있는 것은 언젠가는 세상을 떠나게 되어 있다. 하지만 드라마나 소설에서는 불치의 병을 얻었다거나 친지가 사고로 세상을 떠나면 슬픔에 잠겨 삶의 지향점을 잃고 방황하는 인물이 종종 등장한다. 인간에게는 기대수명이 있기 때문이다.

2010년을 기준으로 볼 때 한국인의 평균수명은 남자 77.6세, 여자 84.4세다. 사실 먼 곳을 찾을 필요도 없다. 아무리 장수하는 집안이라 해도 4대조 이상의 직계존속[1]이 살아있을 가능성은 거의 없다.

---

1   어머니. 아버지, 또 그 어머니 아버지의 부모님처럼 직계로 이어지는 조상을 직계존속이라고 부른다.

장수를 해도 이렇게 짧은 인생인데 요절까지 한다면 슬퍼하지 않을 수 없다.

현재 한국 사람의 사망 원인 제1위는 암이고 2위는 심장질환 · 뇌졸중이다. 즉 다른 기관은 다 괜찮은데 특정 신체부위만 부분적으로 훼손된 결과이다. 가족으로서는 억울한 감정을 느낄 만도 하다. 이런 안타까움은 기능을 잃은 일부 장기나 신체를 되살리려는 생명공학, 의학적 노력으로 이어져 최근에는 거의 결실을 보고 있다.

맞춤 생산된 신체부위의 이식 시술이 아직도 상용화되지 못하는 것은 아직 개발 단계라 시술비가 천문학적인 금액이고 면역 거부 반응을 완전히 해결하지 못했기 때문이다. 하지만 최근에는 타인의 장기를 이식했을 때의 면역 거부 반응은 거의 해결이 되었고 인간 유전자를 이식받은 돼지를 이용한 장기 이식도 성공하는 사례가 늘고 있다.

그러나 사람에게는 사람의 장기를 이식하는 것이 가장 이상적이다 보니 부작용도 잇따르고 있다. 수요가 공급을 충족시키지 못해 중국 등지에서는 의사들이 사형수의 장기를 적출해 재산이 많은 계층에게 팔아 수익을 챙기고 있는 것이다. 또한 장기 적출 조직이 국경을 넘나들면서 기업적으로 범죄를 저지르는 사례가 끊이지 않는다. 우리나라에서도 한때 이것을 소재로 한 영화도 나올 정도였다. 인공적으로 생산한 장기를 합리적인 가격에 팔고 살 수 있다면 산 사람을 불법으로 납치, 감금해서 장기를 적출하는 범죄도 점차 사라질 전망이다.

미리 만나는
신체 각부 생산자

대량으로 장기를 생산해 내는 신체 각부 생산자, 그 중에서도 인공 눈을 생산하고 다루는 전문가의 모습을 보여주는 공상과학영화가 있다. 1982년에 개봉된 『블레이드 러너』[1]라는 영화이다. 전직 경찰이었던 이 영화의 주인공 릭 데커드는 탈출한 안드로이드들을 색출해 내는 사냥꾼, 일명 '블레이드 러너'이다. 그는 몇 가지 질문을 통해 누구보다도 안드로이드들을 정확하게 가려낼 수 있는 그 분야 최고의 권위자이다. 우주전쟁을 위한 킬러 안드로이드 모델, 넥서스 6 한 그룹이 탈출하자 정부에서는 비록 인간은 아니지만 생명을 죽여야 한다는 사실에 대한 회의 때문에 은퇴했던 그를 협박해 다시 고용한다.

안드로이드들은 자신들을 창조한 과학자가 안전장치로 설정해 놓은 유효기간(생명이 유지되는 기간)을 연장하기 위해 아버지가 누구인지, 연장 방법은 무엇인지 알아내려고 넥서스 6를 개발한 과학자들을 하나하나 찾아가게 되는데 그 과정에 눈을 만드는 전문가, 즉 우리에게 미래 직업을 보여줄 과학자를 만나게 된다. 사실 이 장면은 기괴하다 못해 두렵기까지 하다. 그러나 산 사람의 안구나 장기 적출을 막을 기술이라고 생각하면 독자들은 감동적인 장면이라고 느

---

1 이 영화의 원작은 『안드로이드는 전기양을 꿈꾸는가』라는 필립 K.딕의 공상과학소설이다. 생명의 존엄과 인간의 정체성 문제를 이보다 더 잘 보여주는 교과서는 없다.

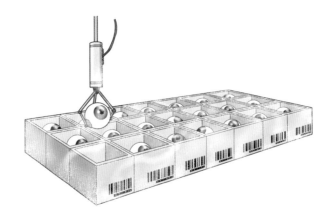

낄 수도 있을 것이다.

　양을 복제하는 기술은 이미 오래전에 영국에서 개발되었다. 우리나라에서는 황우석 박사에 의해 스너피 같은 개뿐만 아니라 늑대, 코요테 등 동물의 줄기세포를 이용해 지속적으로 복제에 성공하고 있다. 내셔널지오그래픽에서는 이 복제된 애완견들이 살아가는 모습을 계속해서 다큐멘터리로 만들고 있으며 러시아 사하공화국에서는 매머드 복원 프로젝트를 실현시키기 위해 한때 논란의 중심에 있던 황우석 박사와 독점 계약을 맺고 있다. 우리는 『쥐라기 공원』에서처럼 공룡 같은 멸종 동물 복제의 성공을 눈앞에 두고 있는 것이다.

신체 각부 생산자가 되려면 어떤 준비를 해야 할까?

　현재는 어떤 사업이든 합법적으로 영위하려면 해당 관청이 정한 절차에 따라서 사업자 등록을 해야 한다. 주무 관청이 바뀔 수는 있겠지만 허가를 받아야 하는 환경은 미래에도 큰 변화가 없을 것이다. 신체 각부 생산업이라는 자체가 아직 가상 업종이기 때문에 해당 관청이 어디라는 것조차 딱 집어 말할 수는 없다. 법이 바뀌지 않는 한 지금으로서는 과학기술부가 유력한 주무 관청이 되리라고 말할 수 있다. 관계 기관이 사업에 필요한 허가를 내주거나 등록 요건을 심사하여 통과시키면 다음으로 이 사업을 하려는 사람은 사업자 등록을 내야 하는데 이 일은 현재 각급 세무서가 담당한다. 사업을 하려면 세금을 투명하게 내는 게 필수적이기 때문이다.

사업자 등록이 끝나고 회사 설립으로 경영자가 된 사람이 더 해야 할 일은 무엇일까? 생산에 필요한 설비를 갖추고 사업을 시작하는 것이다. 우선 공장과 기계가 필요할 것이고 자신의 분야에서 제품을 개발하는 기술을 갖춘 직원이 필요할 것이다. 신체 각부를 생산하는 기술! 그것은 바로 생명과학, 의학, 유전공학 등이다.

대체 가능한 인공 장기 생산

사업자가 자신이 다루려는 일을 다 알 필요는 없다. 그러나 그것에 대해 깊은 지식을 가지는 것은 사업의 성공과 실패를 가르는 중요한 요인이 된다. 전쟁의 폐허, 세계 최빈국이라는 악조건을 딛고 '현대'라는 세계적 대기업을 일궈낸 신화의 주인공 정주영 회장은 초등학교 졸업이 학력의 전부이다.

그러나 사업과 관계된 학자들, 전문가들과 대화를 나눠 본 결과 놀라운 사실을 알게 됐다. 정주영 회장은 외국에서 설비를 들여오거나 벤치마킹을 하기 위해 신제품을 구입했을 때 그 제품을 직접 분해하고 조립해서 생산이나 사용 방법 등에 대해 전문가보다 더 깊은 지식을 쌓았다고 한다. 앞으로 사업할 사람들은 분야가 무엇이든 반드시 이 점을 주목해야 된다고 생각한다. '내'가 다루는 사업 분야에서는 그 누구보다 전문가가 되어야 성공할 수 있다는 사실 말이다.

| 신체 각부 생산자를 위한
| 사회적 인프라

장기이식은 치료의 최종 단계이다. 자동차 타이어 갈아 끼우듯이 마음에 안 들거나 조금 낡았다고 해서 신체 각 부위를 마구 바꿀 수 없다. 이유인즉 첫째, 사회적 인프라가 마련되어 있지 않은 상태에서 주문한 사람이 원하는 장기를 생산하려면 시간이 오래 걸릴 뿐만 아니라 가격이 엄청나게 비싸서 일반인은 시술을 꿈꿀 수도 없다. 이것이 살아있는 사람을 납치하거나 사형수의 장기를 빼돌려 이식수술을 하는 부작용을 낳는 주원인이다. 둘째, 어떤 일이든 하나의 직업군을 이룰 수 있을 정도의 사업으로 기반을 잡으려면 시장가격이 자연적으로 생성될 수 있도록 수요와 공급의 법칙이 적용되는 자유경쟁 시장이 존재해야 한다. 즉 장기를 대량생산하여 일반인도 구입할 수 있을 정도의 시장이 형성되어야 이 사업이 기반을 잡고 직업군을 이룰 수 있다는 것이다. 셋째, 사회적인 인프라가 구축되어 있어야 한다. 즉 현재 치과에서 임플란트 수술을 하듯이 장기이식 수술을 할 수 있는 병원 내 구조가 마련되어야 하고 이를 위해서는 관계 법령이 제정되어야 한다. 또 각 대학이나 그 외 공·사립 교육기관 등을 통해 장기이식 시술과 유통 등을 전문적으로 교육하는 시스템이 갖춰져야 한다.

막상 사업을 하려면 신체 각 부위를 생산하는 기술을 갖춘 전문인들이 충분히 확보되어야 하는 등 생각하지도 않았던 복병들이 나타나 걸림돌이 될 수도 있다. 이 모든 것이 연계되어 점차 사회적인 인프라로 갖춰지면 장기의 대량생산이 가능하게 되고 이 분야에 뛰어드는 사업가 즉 신체 각부 생산자가 늘어나 하나의 직업군을 이루게 될 것이다.

노화 방지 매니저

▌노화 방지 매니저란?

　　1970년~2010년까지 한국인의 수명은 해마다 거의 1%씩 높아지고 있다. 예전에 60년을 넘기기가 어려워 61세가 되는 환갑이면 잔치까지 벌였지만 이제 환갑은 요즘 나이로 치면 80세 정도로 볼 수 있을 것이다. 오늘날엔 암이라든가 교통사고 등으로 죽는 사람이 옛날에 비해 늘었지만 신체적인 노화로 인해 죽는 나이는 점점 연장되고 있는 중이다.

　　옛 문헌에는 황희 정승이나 영조대왕처럼 천수를 누린 사람들도 있는데 이들은 모두 다른 이들보다 월등히 좋은 환경에서 의료 혜택을 톡톡히 보며 살아간 사람들이다. 그렇다고 하더라도 현대 의학처럼 발달한 최첨단 의료 서비스를 받지는 못했다. 우리는 옛날 왕들보다도 호사를 누리는 셈이다.

하지만 열악한 환경에서 살거나 너무 향락에 치우쳐 건강을 등한시하여 요절하는 사람도 적지 않다. 예전과 다른 점은 마음만 먹으면 발달한 과학 의료 서비스를 받을 수 있다는 사실이다. 따라서 이런 것을 전문적으로 조언해 주는 사람이 있다면 우리는 누구나 옛날 왕들보다도 더 오래 건강하게 살 수 있다. 이런 일을 도와주는 직업이 바로 노화방지 매니저이다. 요즘 유명 배우나 모델은 일반인보다 훨씬 젊은 외모를 유지하고 있다. 바로 그들이 소속된 회사에서 매니저, 코디네이터, 메이크업 아티스트 등을 배정해 옷 입는 것에서부터 먹는 것까지 끊임없이 관리해 주기 때문이다.

가까운 미래에 우리는 유명배우나 모델이 아니더라도 일상적으로 이런 서비스를 받게 될 전망이다. 노화 방지 매니저가 의료보험이 되는 전문적인 의료 서비스를 제공할 예정이기 때문이다.

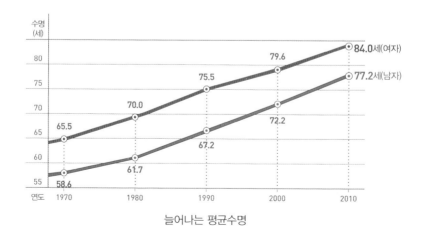

늘어나는 평균수명

수명이 늘어난 이 시대에 가장 중요한 것은 건강하고 젊게 사는 것이다. 의료 체계와 연계하여 적당한 운동과 영양 균형, 그리고 치매 등에 걸리지 않도록 두뇌 회전과 건강을 돕는 적절한 뇌 운동을 프로그램화 하여 제공하는 노화 방지 매니저는 앞으로 두각을 나타내는 직업이 될 전망이다.

노화 방지 매니저가 되기 위한 조건 및 사회적 인프라

노화를 예방하려면 질병과 음식, 더 정확하게는 그 음식 속에 있는 약리 작용을 하는 성분 등에 대해 깊은 지식이 있어야 한다. 그러므로 의학과 약용 동식물학, 생리학 등의 기본적인 학문적 지식이 있어야 한다. 고객의 건강 상태를 확인하고 돌볼 수 있어야 하므로 간호학이나 영양학에 대한 지식도 있어야 하고 물리치료사 자격증이 있다면 더욱 좋을 것이다.

그런데 각 분야에서 전문가 수준의 지식을 쌓는 일은 혼자 힘으로 쉽게 이루어지기는 힘들기 때문에 폭넓고 종합적인 지식을 가질 수 있도록 유도하는 과정이 필요하다. 미래에 노화 방지 매니저를 하나의 직업군으로 독립시키기 위해서는 지금부터 식품영양학, 물리치료, 간호 등의 핵심 지식을 필수 과목으로 가르치고 집중적인 전공 과목으로 심리학과 상담 기술 등을 가르치는 커리큘럼을 개발해야 한다. 머지않아 다가올 평균수명 100세 시대를 위해서 이런 교육을 받

고객의 건강을 돌봐 주는 노화 방지 매니저

은 사람들을 선별할 자격 시험도 필요하다.

　이 직업은 아직 정형화되기 전이므로 지금부터 미래의 형태를 만들어 나갈 수 있다. 따라서 관심 있는 사람들이 효과적인 노화 방지 프로그램을 창안할 필요가 있다고 본다. 예를 들면 이 분야의 특성을 파악하여 다음과 같이 준비하는 것이다. 일상이 되어야 할 노화 방지 활동이 의료 서비스처럼 '치료'라는 행위로 인식되면 소비자는 부담을 느낄 것이므로 다른 직업군과 차별화 되도록 자연식품이나 즐거운 운동 등을 통해 노화 방지를 일상적으로 행할 수 있도록 사회적 인프라를 마련한다.

　사회적 인프라는 전문가를 배출할 교육기관과 그 커리큘럼의 개발, 그들이 활동할 때 재료를 제공할 시장, 재료를 손쉽게 구입할 수 있는 경제적 환경 등을 일컫는다. 예를 들면 포도나 블루베리 등 안토시아닌 색소를 가진 과일에 많이 들어 있는 항산화물질을 경제적인 값으로 오래 먹을 수 있도록 이들의 대량 생산을 돕는 농업계, 공업계, 의료계의 연계적 생산구조를 마련한다든가, 부담없이 즐길 수 있도록 취미와 연계된 재미있는 신체 활동 등의 개발 등 창의적인 프로그램을 마련할 수 있는 스포츠계, 예술계, 의료계의 연계적 연구 개발 구조 정착 등이다.

홈스쿨링 기획 전문가

▎홈스쿨링 기획 전문가란?

　　먼 훗날에도 지금 같은 형태의 학교가 있을까? 가까운 미래에는 분명 학교가 존재하겠지만 시간이 가면 갈수록 지금 같은 형태의 학교가 존재할 가능성은 희박하다. 각종 학원 사업이 발달한 요즘, 기초적인 지식을 가르치지 않는 선생님에게 학생이 질문하자 "너는 학원에 안 다니니?" 했다는 어느 언론매체의 보도는 학교가 예전보다 학생들에게 교육기관으로서의 역할을 제대로 해내지 못하고 있다는 증거인 것처럼 보인다.

　　갈수록 지식이 빅데이터로 쌓이고 여러 기관에서 지식을 무료 또는 저렴한 가격으로 제공하는 추세가 강해질수록 학교의 필요성에 대한 의문이 제기될 것으로 보인다. 현재 우리나라는 출생률이 떨어지고 있을 뿐만 아니라 학교에 가는 대신 집에서 공부하는 홈스쿨링을 선택하는 사람이 조금씩 늘고 있다. 학부모가 외교관이거나 외국 주재 무역 관련업을 하는 사람처럼 자주 근무지를 옮겨 다녀야 하거나, 몸이 약한 학생이 종일 계속되는 수업을 견딜 수 없다거나, 이런저런 사정으로 학교에 정기적으로 갈 수 없는 경우에는 홈스쿨링이 학교의 대안이 되기 때문이다.

이런 피치 못할 사정이 있는 사람들, 혹은 천편일률적인 교육으로 아이의 창의성이 떨어질까 봐 걱정하는 학부모는 자녀가 학교에 가지 않더라도 지식과 사회성을 쌓을 수 있는 프로그램을 제공하는 교육업체나 교육자를 찾아 헤매고 있을 것이다.

지식을 받아들이는 능력도 신체 충실지수도 다 제각각인 아이들을 한 교실에 앉혀 놓고 중간 학력 수준에 맞춰 천편일률적으로 지식을 전달하는 공교육 제도보다 홈스쿨링은 학생들 개개인에게 꼭 맞는 맞춤 교육을 하게 되므로 창의적인 미래를 살아갈 청소년들에게 하나의 현명한 교육 방법이 될지도 모른다.

지금은 홈스쿨링 시장이 그리 넓지 않지만 앞으로 전문화되고 보다 체계적인 제도를 갖추게 된다면 홈스쿨링 시장은 폭발적으로 팽창할 전망이다. 학생 개개인이 전반적으로 공부해야 할 교과 과목 선택에서부터 학습 진도 체크, 학습 성과 확인까지 꼼꼼하게 계획해서 조언해 주는 맞춤 교육을 제공할 홈스쿨링 기획 전문가는 고소득 직종이 될 가능성이 높다.

홈스쿨링 기획 전문가가
되는 방법

홈스쿨링이라는 교육 시장이 아직 넓지는 않지만 미래 교육의 한 형태가 될 홈스쿨링 전문업체들이 점차 늘어나고 있다. 그들은 인터넷으로 홈스쿨링 비법과 학습 자료를 제공하며 때로는 직접 만나서 진도를 체크하고 상담을 진행한다. 이런 업체에 입사하면 홈스쿨링 전문 기획 일이나 상담역을 맡게 된다.

예전 학습지 형태의 제품을 그대로 온라인으로 옮겼을 뿐인 업체가 아닌, 제대로 된 홈스쿨링 업체가 어딘지 판단하는 것도 중요하다. 아직은 홈스쿨링이라는 개념과 제도가 확립되지 않았으므로 취업을 원하는 사람은 홈스쿨링 업체가 자신이 다닐 가치 있는 회사인지 잘 판단할 수 있는 혜안을 길러야 한다.

참된 교육이 추구하는 바는 온·오프라인의 구별 없이 같다고 본다. 제도가 완비되면 분명 홈스쿨링 전문 기획자 내지는 홈스쿨링 교사 자격증 등이 생기겠지만 현재는 아직 그런 제도를 준비하는 단계에 있으므로 교육 일반에 대한 이론과 실습을 익히는 것이 필수적이 될 것이다. 따라서 교육대학이나 사범대학에서 기초 과정으로 제공되는 교육학과 아동심리학 등 교육자로서 갖추어야 할 지식을 섭렵하는 것이 중요하다. 다음으로는 사회에서 요구하는 연령별 지식과 장차 학생들이 공부한 후 진출해야 할 사회의 특성을 연구하여 거기에 맞는 교육 커리큘럼을 만들어 제공할 능력이 있어야 한다.

홈스쿨링 기획자는 이러한 준비가 완비되었다면 각 과목을 맡을 선생님을 판별하고 적재적소에 투입하기 위해 각 분야의 교사를 채용할 기준을 마련해야 한다. 이렇게 선택된 선생님들을 적절하게 배정해 줌으로써 교육을 받으려는 개별 학생에게 알맞은 맞춤 교육 서비스를 제공할 수 있을 것이다.

그러나 홈스쿨링이 아무리 완벽하고 훌륭하게 기획된 교육 프로그램을 제공한다 하더라도 막상 학생이 공부하려는 의지가 없다면 아무 소용도 없게 된다. 특히 집에서 공부할 경우 모든 유혹을 뿌리치고 한 자리에 앉아서 공부를 지속하기란 쉽지 않다.

계획된 프로그램에 따라 진도를 나가지 못해 계속 나머지 공부가 쌓일 경우 부담감 때문에 더 이상 공부할 수 없게 될 것이다. 처음에는 의욕이 넘치다가 조금씩 힘들어져서 계획을 느슨하게 실천하다 보

미래 교육의 한 형태가 될 홈스쿨링

면 한없이 뒤떨어져 학교에 다니는 학생보다 뒤처지는 결과를 초래하므로 집에서 공부하더라도 휴식을 취하며 자는 방과 분리된 학습 공간을 마련하고, 스스로 엄격한 규율에 따라 생활할 수 있는 환경을 만들어 주어야 한다.

또한 자신이 이룬 것에 대한 평가 시기와 방법에 대해 홈스쿨링 기획자나 상담사와 충분히 의견을 나누어야 한다. 그리고 자신이 선호하거나, 쉬운 방법만으로 평가받지 않도록 하고 자신의 능력이나 지식을 사회에서 활용할 때 필요한 방식을 참고해 정기적으로 평가받도록 한다. 이런 점만 조심하면 홈스쿨링은 자기 진도에 따라 원하는 공부를 마음껏 할 수 있어서 학교에 가는 것보다 오히려 장점이 많을 수 있다.

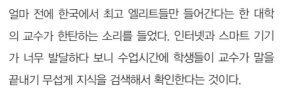

얼마 전에 한국에서 최고 엘리트들만 들어간다는 한 대학의 교수가 한탄하는 소리를 들었다. 인터넷과 스마트 기기가 너무 발달하다 보니 수업시간에 학생들이 교수가 말을 끝내기 무섭게 지식을 검색해서 확인한다는 것이다.

"교수하기 어렵습니다. 요즘은 위키피디아가 저보다 훨씬 똑똑하니까……."

대학은 지식을 체계적으로 쌓도록 도와주는 교육기관이다. 그러나 만일 대학보다 더 신속하게 원하는 내용으로만 쏙쏙 선택해서 받아들일 수 있는 체계가 있다면 학생들은 비싼 등록금을 지불하지 않고 더 많은 것을 배울 수 있을 것이다.

이즈음에서 의문이 하나 슬그머니 고개를 들게 된다.

학교는 지식을 전달하는 기관인가. 만일 그렇다면 사람들은 '위키피디아' 등의 개방된 백과사전과 대학 중 어느 쪽을 선택할 것인지 고민해 보아야 한다. 천문학적인 등록금을 지불하면서 보다 적은 지식을 전달받는 대학으로 갈 것인지, 집에서 편하게 자판을 두드리는 것만으로 거의 무료이며 무제한으로 제공되는 인터넷 지식백과만을 이용할 것인지. 이 문제의 해답에 대해 오류를 줄이는 방법은 공교육제도가 발달한 역사를 되짚어 보는 것이다. 그리고 교육제도를 통해 오늘날 우리가 이룩한 것이 무엇이며 혹시 폐단이 있다면 무엇인지, 장차 해결이나 보완이 가능한 것인지 생각해 보는 것이다.

군사로봇 전문가

몇 년 전만 해도 우리는 사람을 닮은 로봇들이 우주전쟁을 벌이거나 사람들과 어우러져 사는 모습을 영화에서만 보면서 살았다. 『트랜스포머』처럼 영화산업이 완구산업을 키우기 위한 도구가 되거나 공상과학 애니메이션이 발달하면서 로봇 캐릭터 상품의 주생산지인 일본의 로봇 장난감에 익숙해져 '로봇=수입 장난감'이라는 인식이 널리퍼져 있었던 것이다. 그리고 그 중심에 한국은 없었다.

하지만 기술적으로는 우리나라가 어느 선진국 못지않게 발달했다는 사실을 알려주는 소식이 있다. 2016년 12월 26일자 동아사이언스 기사에 의하면 일본 애니메이션에서 익숙하게 보아온, 사람이 타고 조종하는 로봇이 세계 최초로 한국에서 개발되었다고 한다.

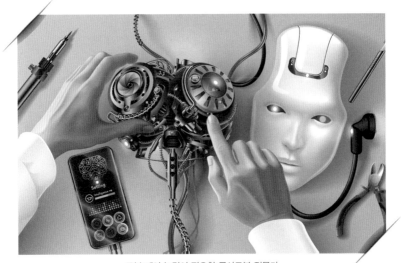

로봇 제어 능력이 필요한 군사로봇 전문가

"키 4m, 무게 1.6t······ 탑승형 거대 로봇, 세계 첫 개발"이라는 제목의 기사에 의하면 '한국미래기술'에서 개발한 탑승형 이족보행형 로봇 '메소드−2'는 탑승자의 팔과 손의 움직임을 그대로 따라 한다. 따라서 탑승자가 조종석에 앉아 움직이면 이 거대 로봇은 멀리서 보면 살아있는 사람과 똑같이 움직이게 되는 것이다.

한국미래기술은 2014년부터 이족보행형 로봇 개발을 시작해 2015년 실험용 메소드−1을 완성했다고 하며 2016년 발표한 메소드−2는 현재 성능 향상을 위해 계속 개발과 제작을 진행하는 중이라고 한다. 이 로봇은 건설용뿐만 아니라 군사용으로 모두 활용할 것으로 보인다. 또 몇 년 안에 상용화가 가능할 것이라고 한다.

군사로봇 전문가가
하는 일

　　　　　　세계 최초로 사람 대신 기계를 이용해서 군사 작전을 수행했던 것은 1999년 말 발칸반도의 코소보 분쟁 지역에서였다. 이때 미국은 무인항공기를 분쟁 지역으로 날려 보냈다. 이 항공기는 정찰도 할 수 있고 급할 때는 공격도 할 수 있는 기능을 갖추고 있어 기계가 전쟁을 대신하게 하려는 최초의 시도였다고 볼 수 있다. 기계가 전쟁을 대신할 경우 불필요한 인명 피해를 줄일 수 있다는 이점이 있지만 각 상황을 적절한 이성으로 판단할 수 없어 필요 이상으로 전쟁이 잔인해질 가능성도 배제할 수는 없다.

　　현재 미공군은 프레데터, 글로벌호크, 다크스타 등과 육군이 운영하는 레이븐, 헌터, 그리고 해병대가 운영하는 드래곤아이, 스캔이글 등 다양한 종류의 군사로봇을 가지고 있다. 미래의 전쟁은 기계끼리 겨루는 전쟁이 될 가능성이 많다. 아까운 인명을 살상하지 않고도 작전을 수행할 수 있기 때문이다. 하지만 적국의 군인들도 분명 존엄성을 지닌 사람이기 때문에 공격받는 쪽은 아무리 공격 목표가 군사시설이나 특정 군대라고 하더라도 사람이 공격하는 것보다 무자비하게 초토화시킬 가능성도 있다.

　　현재 우리 군에서 연구 개발하는 로봇으로는 다목적 감시 정찰로봇, 지뢰 탐지 로봇 등과 전투 로봇, 차륜형·보행형 로봇 등이 있다고 한다. 우리 국방부는 로봇을 전쟁이나 천재지변에 대신 투입하기 위해서 핵심 기술 개발에 필요한 예산을 2020년까지 15% 이상 대폭

증대할 계획이다.

군사로봇 전문가들이 주로 하는 일은 군사용 목적에 맞춰서 로봇을 기획·설계·개발하는 일이며 이 일은 벌써 활발하게 진행되고 있다. 곧 더 많은 인재를 필요로 하게 될 것이고 군사로봇 전문가는 확실한 직업군으로 자리매김할 예정이다.

군사로봇 전문가가 되기 위한 준비

로봇은 위험성을 줄이기 위해서도 투입되지만 사람의 감각기관은 동물보다도 떨어지기 때문에 정밀도를 요구하는 군사 작전의 성공도를 높이기 위해서도 투입된다. 이런 작전을 원활하게 이행하려면 사물을 정교하게 분석할 수 있는 시각 기관이 필요하다. 또 입력된 정보들을 종합해 판단하는 두뇌가 있어야 한다. 따라서 로봇의 감각기관과 그것을 분석, 종합하는 두뇌회로의 완성을 위해 위성 위치 확인 시스템(GPS), 열상 감지 및 나노로봇 분야의 전문가들이 함께 모여 프로그래밍을 하게 된다.

두뇌에 의해 종합된 내용을 행동으로 구현하기 위해, 즉 로봇을 움직이기 위해서는 행동 관리 프로그램 역시 필요한데 이 프로그램은 사람의 소뇌에 해당하며 이런 프로그램을 통해 로봇의 행동을 관리하는 것을 로봇을 '제어'한다고 표현한다.

로봇을 효과적으로 제어하기 위해서는 제어계측, 컴퓨터공학,

기계공학 연구자 등이 모두 필요하다. 따라서 로봇 개발 연구소에서는 로봇공학 석사 이상의 연구원을 뽑기도 하고 제어계측, 컴퓨터공학, 기계공학 등을 전공한 사람을 뽑기도 한다.

논리적 사고와 분석력이 뛰어난 학생들이라면 미래의 군사로봇 전문가에 도전할 것을 권한다. 중요한 것은 로봇을 제대로 개발하기 위해서는 뛰어난 능력의 한 사람보다는 여러 능력을 가진 사람들의 화합과 협력이 필수적이라는 것이다. 따라서 필요한 능력을 갖춘 동시에 협동심과 대인관계가 원활해서 팀워크를 제대로 실행할 수 있는 사람이 필요하다. 그리고 실력 못지않게 필요한 것은 애국심과 뚜렷한 국가관이다.

애국심이 없다면 돈의 유혹에 쉽게 넘어가서 국가의 기밀을 헐값에 팔아넘기기 쉽기 때문이다. 요즘 개인의 작은 이익을 위해 국가 기간산업의 기밀을 외국에 넘기는 사람들이 물의를 일으키고 있다. 인근 국가의 산업 스파이들은 우리나라 곳곳에 스며들어 기술을 빼내가려고 포진해 있는 상황이다. 따라서 뚜렷한 국가관과 애국심은 반드시 지녀야 할 덕목이라 하겠다.

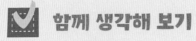

함께 생각해 보기

현대전의 군사 작전은 컴퓨터 시뮬레이션과 함께 이루어진다. 실제로 작전과 모의 전쟁을 경험해 본 사람들은 컴퓨터 게임과 그리 다르지 않다고 한다. 문제는 현대를 살아가는 대부분의 젊은이들이 전쟁하는 게임, 괴물을 잡는 게임, 무술 대련을 하는 게임 등을 즐긴다는 사실이다. 최근에는 연쇄살인을 저지르거나 총기로 대량 살상을 하는 젊은이들의 경우, 평소에 게임 중독 증세를 보이고 현실과 게임 세계를 구분하는 능력이 미약했다는 자료가 상당히 축적되어 있다.

원래 전투를 담당하는 군사로봇의 경우, 인권을 존중해서 위험한 전장에 인간 사병이 아니라 로봇을 대신 보내자는 취지로 개발되어 왔다. 그러나 군사로봇을 투입한 전쟁에 사람이 전혀 개입하지 않을 수 없는 노릇이다. 군사작전을 수행할 때 자칫 정해진 범위를 벗어나면 민간인을 대량으로 살상하는 결과를 가져올 수 있기 때문이다. 사람이 전투에 투입되었을 경우, 민간인을 구하기 위한 조치를 취하거나 작전을 변경할 수도 있지만 군사로봇의 경우 명령이 입력되면 어떤 의문도 없이 작전을 정확히 수행한다는 문제가 있다.

결국 전쟁에서 다칠 수 있는 군인들의 생명을 구하려는 생각이 그보다 훨씬 많은 민간인의 희생을 가져올 위험을 초래할 수 있는 것이다. 뿐만 아니라 전쟁을 로봇이 수행하는 게임 정도로 생각하고 더욱 격렬한 전쟁을 벌이게 될 가능성도 있다. 즉 지구가 군사 수뇌부들의 게임장이 될 수 있다는 것이다. 군사로봇 전문가들은 이런 점을 고려해 보완책을 강구해 가면서 군사로봇을 개발해야 한다.

유전공학 식재료 전문가

유전자 조작은 공상과학 영화의 주요 소재가 되어 왔다.

『가타카』는 우성 유전자만을 선택해서 탄생시킨 유전자 조작 인간들의 군상을 통해 인간의 존엄성이란 무엇인가에 대해 성찰하게 한다.

한편 『스플라이스』는 인간과 조류, 어류, 파충류, 갑각류 등의 다종 DNA 결합체인 실험실 동물과 인간 여자의 유전자를 조합해 생긴 '드렌'이라는 유전자 조작 인간을 선보인다.

우리는 유전자 조작 생물이라고 하면 영화에서 보거나 미래에 존재하는 것으로 생각하는 경향이 있다. 하지만 유전자 조작 생물은 이미 수십 년 전부터 알게 모르게 우리 주위를 가득 메우고 있다. 따라서 유전공학은 알아야 할 분야이다.

유전자 조작 식품에는 무엇이 있을까?

우리가 슈퍼마켓이나 펫샵 등에서 일반적인 제품보다 비싼 값을 지불하고 구입하는 우량종 농산물이나 특수한 외관과 성격을 지닌 반려동물은 이미 유전자를 선별해 우성 혹은 열성의 특징만을 보이도록 조작한 결과물이다. 또 우리 식탁을 점령하고 있는 유전자 조작(GMO) 농산물은 우리가 알고 있는 것보다 훨씬 많다. 유전자 조작 사료나 그 외 관련된 것을 바탕으로 기르는 농수산, 축산물들까지 합하면 헤아릴 수 없을 정도로 많다.

유전자 조작 식품을 추방하자는 운동이 일어나고 있지만 실제로는 아무리 노력해도 유전자 조작 식품을 전혀 먹지 않는다는 건 쉬운 일이 아니다. 예를 들어 콩은 직접 먹는 것보다 가공된 식품으로서 섭취하게 되므로 유전자 조작 식품을 먹는다는 의식도 없이 섭취하게 된다. 간장, 된장, 고추장, 두부, 콩나물, 식용유, 선식, 버터, 마가린, 콩 과자, 마요네즈, 스파게티, 커피 크림, 그 외에도 미처 생각하지 못했던 것들의 재료로 쓰인다.

옥수수의 경우는 콘샐러드, 콘스낵, 팝콘, 옥수수유, 시리얼, 물엿, 과자, 빵, 맥주, 각종 스프, 당면의 재료로 쓰인다. 이 중에서 물엿이나 당면 등은 우리 고유의 식품이라고 생각하는데 여기에도 유전자 조작된 수입 옥수수가 들어간다. 심각한 문제는 유전자 조작 식품이 재료로 들어간 음식을 다 파악하기 어려우므로 그 식품의 폐해를 알고 있는 사람들도 피하기 어렵다는 데 있다.

유전공학을 이용한 식재료는
모두 해로운 것인가?

유전공학을 이용해서 특정 성질을 변화시키거나 단지 식재료를 관리하기 편하게 하려는 목적으로 유전자 조작을 한 생산물은 몸에 좋지 않다는 연구 결과 발표가 있었지만 사실 개발된 지 오래되지 않아 아직 확실한 자료를 제시하기 어렵다. 뿐만 아니라 갈수록 악화되는 환경 탓에 사람들의 건강을 해치는 것이 유전자 조작 식품 때문이라는 명확한 주장을 하기도 어렵다. 게다가 유전공학을 이용한 식재료를 만드는 회사는 원래 이런 특정 목적을 위해 유전자를 변형시킨 식품을 만들어 내는 게 목적이 아니다.

앞으로 동물의 권리와 생명의 존엄성을 인정해야 할 시점이 올 텐데 그 때에는 우리가 단지 먹고 살기 위해서 소중한 생명을 도살하

유전공학을 이용한 식재료 개발

는 것은 야만스러운 문명의 잔재가 되기 때문에 살생을 하지 않고도 먹을 것을 확보하는 데 원래 설립 목적이 있었던 것이다. 유전공학 덕분에 귀한 생명을 죽이지 않고도 필요한 부위만 생산해서 식재료로 쓸 수 있을 것이다.

그렇게 된다면 축사의 냉난방을 위한 화석연료를 쓸 필요도 없다. 삼림을 훼손하고 그 자리에 옥수수 등을 심어 가축의 사료로 쓸 필요도 없어 자원 낭비도 없고 살생도 피할 수 있게 된다. 쇠고기나 돼지고기의 등심이나 안심 등의 세포를 배양해서 공장에서 고기를 만들어 내면 되기 때문이다.

지구의 부존 자원은 한계가 있고 세계 인구가 증가하게 되면 식량 부족 문제가 대두되므로 쉽게 기르고 대량 생산 가능한 식재료를 연구개발하는 것도 미래에 꼭 필요한 일이 될 것이다.

유전공학 식재료 회사의 운영 및 입사 준비

어떤 종류의 회사든 기본적으로 운영을 제대로 하기 위해서는 경영학, 판매를 잘 하기 위해서는 마케팅 이론 등을 공부해야 한다. 물론 자본이 넘쳐서 이 분야의 전문가들을 모두 고용할 수도 있다. 하지만 회사 경영자가 자신이 만드는 제품에 대해 깊은 이해를 가진 곳과 그렇지 않은 곳은 연구 개발이나 투자, 다른 회사들과의 경쟁이나 협력 등의 상담에서 절대적으로 불리하게 될 것이다. 당장 운영은 되겠지만 장기적으로는 경영 악화를 겪을 위험이 크다.

유전공학 식재료 회사를 운영하려는 사람은 관계 지식을 쌓는 것이 필수적이다. 또한 유전공학 분야의 전문 인재들을 많이 영입해야 한다. 각 대학의 유전공학 연구센터와 양해각서(MOU) 등을 맺어 현재 팔리는 제품에서 얻은 수익을 미래에 생산할 제품의 개발을 위해 투자해야 한다. 각 대학의 연구소, 한국생명공학연구조합 등이 이런 회사에 도움을 줄 수 있다. 주요 대학과 지방 자치단체 안에는 유전공학 연구소나 농생명 유전공학 연구소 등이 있어서 지금도 일반 기업과 연구 개발 협정을 맺고 활발하게 공동 연구와 제품 개발을 하고 있다. 장차 이 분야에서 일하고 싶은 학생들은 농업생명과학부나 화학생물공학부, 유전공학 관계학과 등으로 진학하면 보다 분명한 진로가 보일 것이다.

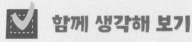

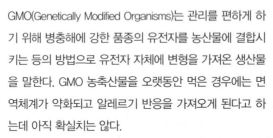

GMO(Genetically Modified Organisms)는 관리를 편하게 하기 위해 병충해에 강한 품종의 유전자를 농산물에 결합시키는 등의 방법으로 유전자 자체에 변형을 가져온 생산물을 말한다. GMO 농축산물을 오랫동안 먹은 경우에는 면역체계가 약화되고 알레르기 반응을 가져오게 된다고 하는데 아직 확실치는 않다.

그보다 큰 문제는 일정한 성질을 가지게 하기 위해 인위적으로 유전자의 특정 부분에만 변화를 주기 때문에 생물의 종이 다양성을 가지지 않고 단일종으로 획일화 될 위험이 도사리고 있다는 것이다.

비록 병충해에는 약하지만 우리가 모르는 다른 부분에서는 좋은 영향을 끼칠 수도 있는 농산물을, 현재 우리의 짧은 지식에 의존해 자연의 신비에 인위적인 변화를 가한다면 훗날 어떤 재앙으로 돌아올지 예측할 수 없다.

또 지금까지 경험에 의하면 병충해에 강한 종이 출현하면 벌레나 세균도 돌연변이를 일으켜 더 이상 농약이나 개발된 GMO 농산물이 대적할 수 없는 형질로 변하곤 했다는 것이다. 이렇게 돌연변이를 일으킨 슈퍼잡초, 슈퍼해충 등이 나타나면 결국 농산물은 약도 써 보지 못하고 죽어갈 것이며 이것을 먹이로 하는 생태계는 뒤죽박죽이 되어 인간이 해결할 수 있는 수준을 넘어서게 될 것이다.

농업 관련 기술자

농자천하지대본(農者天下之大本). 농사짓는 일이 이 세상에서 살아가는 기본이 된다는 뜻이다. 첨단 과학기술로 국력이 강해지는 것도 중요하지만 한 국가의 정부에게 가장 중요한 것은 국민이 살아가는 데 기본적인 필요조건을 충족시킬 수 있는가 여부이다.

▌농업 기술자가 하는 일

한국은 국제 교역 규모가 해마다 세계 10위 전후에 오르는 무역 대국이며 무역이 국민총소득(GNI)에서 차지하는 비중이 세계 어느 나라보다 높다. 수출입 총액을 국민이 국내외에서 생산 활동으로 벌어들인 명목 총소득, 즉 국민총소득으로 나눈 값을 무역 의존도라고 하는데 우리나라의 무역 의존도는 2014년 98.6%, 2015년 88.1%, 2016년 81.6%로 나타났다. 해마다 비율이 10% 이상 낮아지고 있는 이유는 수출 부진에 따른 결과이다. 그러므로 수입은 감소하지 않고 수출만 감소함으로써 경제구조는 점차 악화되고 있다는 뜻이다.

현재 대부분의 나라는 생활 경제구조가 글로벌화 되어 있기 때문에 각국은 비교우위에 있는 재화를 생산해야 무역을 통한 이익을 얻을 수 있다. 따라서 우리나라도 각 나라와 자유무역협정(Free Trade Agreement, FTA)을 맺어 그 중에서 비교우위에 있는 재화만을 중점적으로 육성하여 수출하고 그렇지 않은 재화는 수입으로 충당하고 있다. 그렇게 함으로써 지금까지 무역을 통해 큰 이익을 얻을 수 있었던 것이다.

그러나 비교우위에 있는 재화를 중심으로 국제무역을 해야 이익을 창출할 수 있다는 이런 국제 경제법칙은 평화시에만 통용된다. 만일 국제무역으로 인해 자국의 1차 산업이 거의 붕괴된 나라에게 1차 산업 생산물을 공급하던 상대국이 식량을 무기 삼아 무리한 요구를 한다면 받아들이지 않을 수 없는 상황에 처한다.

따라서 아무리 비교우위에 특화된 재화를 집중적으로 생산하기 위해 산업구조를 조정해야 한다 하더라도 식량 생산에 관련된 산업이 부활하는 데 필요한 기간 동안 국민의 생존을 보장할 수 있는 식량은 확보하고 있어야 한다. 그래야만 상대국이 식량을 무기로 무리한 요구를 하거나 전쟁을 벌여 교역 상대국의 주권을 빼앗으려는 욕심을

버릴 수 있다.

제2차 세계대전 이후로 국지전은 끊임없이 이어졌지만 대체적인 평화가 계속되고 있었으므로 우리나라를 포함한 각 나라들은 이에 대해 그리 심각하게 생각하지 않았다. 하지만 우리나라처럼 국토가 좁은 국가에서 다른 산업을 위한 단지를 건설하기 위해서는 필연적으로 농토를 줄일 수밖에 없었으므로 식량 자급률이 2012년 이후로 20%대를 넘지 못하고 있다.

그러므로 우리가 미래에 반드시 해야 할 일 중의 하나는 각 분야에서 이룩한 발전을 유지하면서 식량 수급 등 기초적인 생존에 직접적 영향을 끼치는 1차 산업을 발전시켜 좁은 땅, 혹은 평당 가격이 비싼 땅에서도 식량 생산이 고부가가치를 낼 수 있도록 성장시키는 일이다.

최근에 귀농 현상이 부각되면서 농업에 종사하려는 고학력자들도 점점 늘고 있어 농업 기술을 향상시키고 고부가가치 상품을 생산하기에는 좋은 환경이 조성되고 있다. 지금도 흙 대신 배양액, 햇빛 대신 LED를 이용해 도시나 빌딩에서 농사짓는 기법이 개발되어 있는데 아직 기술적으로 대량생산이 어렵다. 향상된 농사 기법을 연구하기 위해 실험실에서 농사짓는 단계이거나 주말농장에서 가족이 먹을 무공해 식재료 생산 설비를 설치해 주는 정도에 머물러 있다.

그러나 앞으로는 좁은 땅에 고층빌딩을 지어 거기서 나오는 농산물 생산량이 그 지역 인구를 먹여 살릴 만큼 나올 수 있고 그 빌딩 안에서 소비자의 손에 바로 배달될 수 있도록 가공까지 할 수 있는 기술을 개발하는 게 가능할 것으로 보인다. 그렇게 되면 우리 국토가 아무리 좁더라도 식량을 완전히 자급할 수 있는 단계까지 끌어올릴 수 있을 것이다.

그 때까지 농축산업에 종사하는 사람들이 이 산업을 떠나지 않도록, 또 이 분야의 중요성과 이점을 인정해서 보다 많은 인재들이 종사하도록 국가적 차원의 계획 수립과 뒷받침이 필요할 듯하다.

| 농업 기술 교육기관

각 대학교의 생명과학대학에서는 병충해에 강한 종자 연구 및 식량 증산을 위한 기술 개발을 하고 있다. 다음에 언급된 대학들은 대표적으로 이런 연구를 선도해 나가는 학교들이다.

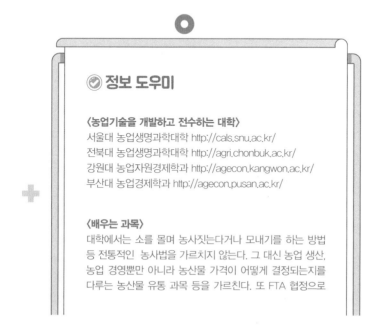

◎ 정보 도우미

〈농업기술을 개발하고 전수하는 대학〉
서울대 농업생명과학대학 http://cals.snu.ac.kr/
전북대 농업생명과학대학 http://agri.chonbuk.ac.kr/
강원대 농업자원경제학과 http://agecon.kangwon.ac.kr/
부산대 농업경제학과 http://agecon.pusan.ac.kr/

〈배우는 과목〉
대학에서는 소를 몰며 농사짓는다거나 모내기를 하는 방법 등 전통적인 농사법을 가르치지 않는다. 그 대신 농업 생산, 농업 경영뿐만 아니라 농산물 가격이 어떻게 결정되는지를 다루는 농산물 유통 과목 등을 가르친다. 또 FTA 협정으로 각 나라에 농산물을 수출할 수 있는 길이 넓어지면서 학생들이 국제화 된 농업을 준비할 수 있도록 통상법, 조약 등에 대비하는 과목도 배운다.

앞으로는 보다 선진적인 농사법을 개발한 나라가 농산물의 수출, 즉 타국의 식량주권에 영향을 끼치는 경제력을 좌우하게 되므로 농업을 대학에서 전공으로 선택한 학생은 우리나라에서 특성화할 만한 작물이 어떤 것인지 연구하고 세계 경제의 구조와 흐름, 정치적인 감각도 익혀야 세계적 경쟁력을 갖출 수 있게 된다.

〈농업 관련 자격증〉

현재 농업 기술 자격증의 경우, 시설 원예를 비롯하여 농기계, 종자기사, 식물 보호, 축산 등 7개 분야에서 기능사와 산업기사, 기술사 등의 시험을 실시하고 있다. 농업 부문의 자격증에 대해 더 자세히 알고 싶다면 http://www.q-net.or.kr/main.jsp 사이트를 참고하기 바란다. 농업 관련학과 졸업생과 농업인의 경우 기능사 자격증을 취득한 뒤 1~2년의 실무 경험을 쌓으면 산업기사 자격증 등을 취득할 수 있는 기회가 주어진다.

- 농화학 기술사
- 시설원예 기술사
- 유기농업 기능사
- 종자 기술사
- 그 외 시설원예기사, 유기농업기사, 화훼장식기사 등

〈관련 단체〉

① 각 자치단체의 농업 기술 센터
 · 서울특별시 농업 기술 센터 http://agro.seoul.go.kr/
 · 파주시 농업 기술 센터 http://agri.paju.go.kr/
 · 인천시 농업 기술 센터 http://agro.incheon.go.kr/
② 농촌진흥청 http://www.rda.go.kr
③ 각 도의 농업 기술원
 · 경기도 농업 기술원 http://www.nongup.gyeonggi.kr/
 · 경상남도 농업 기술원 http://www.knrda.go.kr/main/main.asp
 · 전라남도 농업 기술원 http://www.jares.go.kr/
 · 경상북도 농업 기술원 http://www.gba.go.kr/main/main.html
 · 충청남도 농업 기술원 http://www.cnnongup.net/

식량 주권

우리나라는 2016년 세계 8대 무역 교역국이다. 만일 무역으로 큰돈을 버는 우리에게 농산물을 수출하던 나라들이 갑자기 농산물을 팔지 않겠다고 할 경우 큰 문제가 될 것이다. 우리나라 식량 자급률은 2012년 23.6%였던 것이 절대 농지들이 해제되기 시작하면서 점점 더 떨어지고 있는 실정이다. 우리나라에서 농지를 없애는 이유로 쌀이 남아돈다는 것을 대는 사람들은 식량 주권이 침해 당할 경우 쌀 대신 먹던 수입 농산물과 그 외 먹거리들이 완전히 끊긴 상황에서도 쌀이 남아도는 것인지에 대해 먼저 답변해야 할 것이다. 그리고 자신들의 주장처럼 해외에서 수입하던 농축산물이 완전히 끊긴 상태에서도 쌀이 남아돌지 않는다는 사실이 확인된다면 그에 대한 대책을 내놓아야 한다. 프랑스 혁명 당시, 군중이 '빵'이 없어 굶는다고 하자 왕비 마리 앙투아네트가 '빵이 없으면 브리오슈[1](일종의 과자나 케이크)를 주라'고 했다는 소문이 퍼져 한 나라의 왕

---

1 원문은 'Qu'ils mangent de la brioche!'이다. "(빵이 없으면 일단) 사람들에게 브리오슈를(라도) 먹게 하세요."라는 뜻이다. 많은 논란이 있기는 하지만 이는 왕정을 끝내기 위해 혁명 주체들이 벌인 모함이라고 한다. 앙투아네트가 어렸을 때 한 말이라거나 토스카나의 한 귀부인이 한 말이라는 이야기도 있기 때문이다. 그런데 토스카나가 마리 앙투아네트 아버지의 영지였기 때문에 그녀가 지목되었다는 설이 있다. 게다가 브리오슈는 마리 앙투아네트가 프랑스로 와서 왕비가 된 이후에야 고급 과자를 뜻하는 단어가 되었다고 한다. 원래 브리오슈는 빵을 굽고 난 후에 남은 찌꺼기를 이용해서 만든 것으로 농부 같은 사람들이 먹던 거친 음식이었다고 한다. 일단 먹을 빵이 없으면 급한 대로 브리오슈라도 먹으라는 뜻으로 한 말인데 쿠데타를 모의한 사람들이 악의를 가지고 이 말을 퍼뜨려 앙투아네트에 대한 혐오감을 부추김으로써 단두대로 보냈다는 것이다.

드론을 이용한 미래 농업 기술자

비였던 그녀는 결국 단두대의 이슬로 사라졌다.

우리가 식량 주권에 대해 걱정할 때 거론하는 '쌀'은 단순히 벼를 도정한 농산품 중의 하나를 일컫는 것이 아니다. 국민을 먹여 살리는 식량 자체를 뜻하는 것이다. 쌀은 남아돌지만 식품의 수입이 전면 중단되어 그 쌀 외에는 먹을 것이 없을 때에도 과연 같은 결과가 나타날 것인가.

우리나라 쌀 소비가 줄어 쌀이 남아도는 현상에 대해 마치 식량이나 농산물 전체 물량이 넘쳐나는 것 같은 착시현상을 일으키고 있다는 사실을 심각하게 생각하는 사람들이 많지 않다. 식량 수출국이 식량을 무기로 사용하려고 할 때 최악의 기아 상황에서 우리를 지켜줄 사람들이 있다면 바로 농업에 종사하는 사람들이다. 단위면적당 집약적인 농산물을 계속 개발하고 건축법상 도시에 선 빌딩마다 농사지를 층을 두도록 의무화한다든가 수경재배를 해서 그 건물 입주자들의 비상식량 문제를 해결할 방안을 만들면 어떤 재난에도 대비하게 되어 진정한 의미의 무역을 통한 복지를 기대할 수 있을 것이다.

캘리그라피스트

20세기까지 문서 작성에 있어서 가장 중요한 것은 내용을 전달하는 것이었다. 하지만 과학 기술이 발달해 가면서 글씨를 입력하는 속도는 생각과 비슷한 속도까지 발전했고 심지어 장애가 있는 사람들을 위해 말하면 글자가 입력되는 기술까지 개발되었다. 사람이 생각하는 것을 직접 기계에 연결해서 글자로 출력하는 기술은 아직 보편화 되지 않았지만 연구는 진행 중이다.

먹고 사는 문제가 해결되면 삶의 질을 생각하게 되듯이 당장 필요한 생각의 입력과 그것을 공유하는 방법이 큰 불편 없이 발달하니 이제는 보다 더 고차원적인 욕구가 생기게 되었다. 단지 글자가 뜻하는 것을 받아들이는 데 그치지 않고 미학적으로도 만족을 주는, 즉 예

문자를 읽으며 예술적 만족감을 주는 캘리그라피

술적인 만족감까지도 줄 수 있는 글을 선호하는 단계가 왔다는 뜻이다. 이런 욕구를 충족시키기 위해 새로 부상한 직업이 바로 캘리그라피스트이다.

▎ 캘리그라피스트란?

우리가 매일 읽고 쓰는 각 문서는 내용상의 성격도 읽는 독자층도 각양각색이다. 다양한 분야의 문서에 꼭 맞는 글씨체를 적용한다면 그 문서를 사용해 얻는 효과를 극대화 할 수 있을 것이다. 제목에는 헤드라인체, 본문에는 바탕체나 굴림체 등을 쓰는 것처럼 말이다. 지금도 문서 작성을 위한 다양한 서체들이 있다. 하지만 어딘가 좀 부족한 느낌이다. 자신만의 개성을 살려볼 수는 없을까. 이런 욕구는 캘리그라피를 발전시키는 원동력이 되었다.

캘리그라피란 글자를 원하는 분야에 적합하도록 독특하게 디자인하는 것을 말하고 캘리그라피를 전문적으로 개발하는 사람을 캘리그라피스트라고 한다. 이 세상에 단 하나만 있는 개성 있고 독특한 서체를 원한다면 캘리그라피스트에게 부탁하면 된다. 그러면 캘리그라피스트는 글씨가 쓰이는 목적에 알맞게 직접 디자인해 줄 것이다.

한 번 개발한 글씨체의 특징을 컴퓨터에 입력시켜 서체를 마련하면 자판으로도 새로운 글씨를 선택해 문서를 작성할 수 있다. 요즘 웬만한 컴퓨터 학원에서는 손으로 쓴 글씨체를 디자인하는 캘리그라피 과정을 개설하고 있다.

캘리그라피스트가
되기 위한 준비

글씨체에는 여러 가지가 있지만 무엇보다도 우리나라에서는 한글이나 한자 서체가 우선적으로 필요한 것이 현실이다. 따라서 서예를 배워 두면 큰 도움이 된다. 여기에 디자인적 감각이 있다면 금상첨화이다.

디자인에 초점을 둔 캘리그라피가 서양에서 발달했다지만 한국은 이 분야에서도 오랜 전통을 자랑하고 있다. 한국의 전통적인 민화에는 글씨를 아름답게 디자인한 그림이 조선 초기부터 크게 유행했던 것이다. 우리의 글씨 디자인도 결코 서양의 캘리그라피 역사에 뒤지지 않는다. 이런 전통 덕인지 현재 우리나라에서는 서예를 하는 사람들이 캘리그라피 분야에서 두각을 나타내고 있다. 평소에 틈틈이 서예 실력을 키우면 큰 도움이 될 것이다.

알파벳이나 다른 나라 언어를 디자인하는 데는 구성이나 디자인 교육이 도움이 된다. 한국이 국제저작권협회에 가입함으로써 캘리그라피도 이제 저작권법으로 보호받게 되었다. 보호만 받는 것이 아니라 남의 것을 도용하는 데 대한 처벌도 훨씬 강화되었으므로 다른 사람이 개발한 글씨체를 함부로 사용하면 안 된다. 캘리그라피스트들에게는 반가운 소식이다. 자신이 개발한 글씨체를 쓰는 업체나 개인이 늘어나면 그에 대한 저작권료를 받을 수 있기 때문이다.

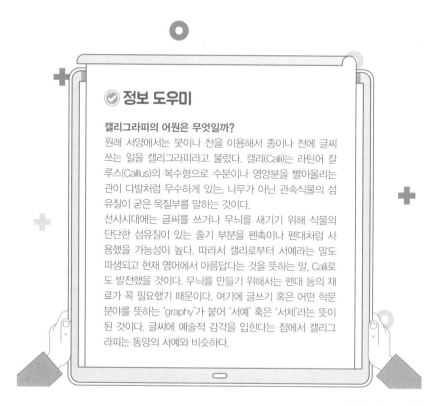

✅ 정보 도우미

캘리그라피의 어원은 무엇일까?

원래 서양에서는 붓이나 천을 이용해서 종이나 천에 글씨 쓰는 일을 캘리그라피라고 불렀다. 캘리(Calli)는 라틴어 칼루스(Calllus)의 복수형으로 수분이나 영양분을 빨아올리는 관이 다발처럼 무수하게 있는, 나무가 아닌 관속식물의 섬유질이 굳은 목질부를 말하는 것이다.

선사시대에는 글씨를 쓰거나 무늬를 새기기 위해 식물의 단단한 섬유질이 있는 줄기 부분을 펜촉이나 펜대처럼 사용했을 가능성이 높다. 따라서 캘리로부터 서예라는 말도 파생되고 현재 영어에서 아름답다는 것을 뜻하는 말. Calli로도 발전했을 것이다. 무늬를 만들기 위해서는 펜대 등의 재료가 꼭 필요했기 때문이다. 여기에 글쓰기 혹은 어떤 학문 분야를 뜻하는 'graphy'가 붙어 '서예' 혹은 '서체'라는 뜻이 된 것이다. 글씨에 예술적 감각을 입힌다는 점에서 캘리그라피는 동양의 서예와 비슷하다.

3D모델러

　　3D모델러는 2D(평면) 그림을 바탕으로 입체 형태를 구현하는 사람이다. 따라서 3D모델링 작업을 하기 위해서는 만들고자 하는 형상, 즉 캐릭터에 필요한 특징과 배경, 성격 혹은 제품의 형상 등 내용을 세세하게 표현한 것(컨셉)을 바탕으로 먼저 평면 스케치한 그림을 준비해야 한다. 이 2D 그림을 바탕으로 3D컴퓨터그래픽을 활용하여 입체 형태로 구현하는 것을 전문적으로 하는 사람이 3D모델러이다.

▎3D모델러는 어떻게 작업할까?

　　모든 일은 효율을 높이기 위해 진행하는 순서가 중요하다. 3D모델링 또한 효율을 극대화하려면 다음 순서대로 작업하는 것이 좋다.

① 컨셉이 담긴 스케치나 2D 그림을 준비한다.

② 그림을 토대로 해서 3D모델링 작업을 한다. 이때 쓰이는 소프트웨어 프로그램으로는 마야(Maya), 3DMax, 지브러시(Z Brush), 픽사의 렌더맨, POV-레이 등이 있다. 3DMax가 폴리곤 방식으로 면이 3000개 이하인 다각형으로 이루어져 있다면 지브러시는 3000개 이상의 면을 가지고 있어 속이 꽉 찬 듯한 구체로 보이는 것이 특징이다. 물론 지브러시가 훨씬 질이 높아 보이는 것이 사실이다. 이 두 프로그램은 주로 게임을 만들 때 활용된다. 반면 마야나 렌더맨 등은 애니메이션을 만들 때 활용되는 소프트웨어로서 이미지 하나에 질감을 표현하는 데만도 저장 용량이 수백 기가가 필요하므로 일반 컴퓨터로 구현하기는 쉽지 않다.

③ 변환된 그림에 음영, 명도, 채도 변화 등을 주어 실물처럼 입체감이 나도록 컴퓨터그래픽 작업을 한다. 이를 렌더링이라고 한다.

④ 디자이너, 개발자 등 함께 작업하는 팀원들과 컴퓨터 시뮬레이션 등을 거쳐 오류를 보정한 다음 최종 결과물을 완성한다.

▎3D모델러의 활동 영역

잘 알려진 대로 최초의 3D 장편 애니메이션은 1995년 개봉된 디즈니사의 『토이스토리』이다. 이 영화는 전 세계적으로 3억 6,200만 달러의 흥행수입을 올리게 되었고 이는 미국을 3D 애니메이션 시대의 주역으로 만들었다. 요즘은 컴퓨터 소프트웨어의 발달로 영화나 비디오게임 산업, 웹사이트나 광고, 건축 그리고 의학 분야에서도 3D모델링을 필요로 한다.

현재 3D모델러는 게임, 3D영화, 애니메이션, 그래픽디자인, 웹디자인, 방송디자인, 시뮬레이션, 위치 기반 엔터테인먼트, 건축, 광고 및 마케팅, 연구소(과학, 의료), 부동산, 항공우주 및 환경기관, 범죄 연구소(법의학) 등등 입체영상이 필요한 거의 전 분야에서 활동하고 있다.

이들은 전문 장비와 집중적인 작업이 필요하기 때문에 대부분 집이나 자신의 사무실에서 근무하며 프리랜서로 활동하고 있다. 미국의 노동통계국 조사에 의하면 3D모델러의 13%는 비디오나 영화산업에 소속되어 있고 6% 정도는 컴퓨터 시스템 설계와 그 외 관련 서비스에, 5%는 소프트웨어 개발업체에서, 4%는 광고 또는 홍보 분야에서 종사하고 있는 것으로 나타났다.

3D모델러가 되기 위한 준비

3D모델러가 되기 위한 준비를 해 보자. 우선 자신이 일하고 싶은 영역을 선택하는 것이 선결 과제이다. 활동 분야에 따라 필요한 세부사항이 달라질 수 있기 때문이다.

모든 분야에 공통적으로 해당되는 사항

• 다양한 영화, 게임, 애니메이션 등을 체험하고 분석하면 보다 발전된

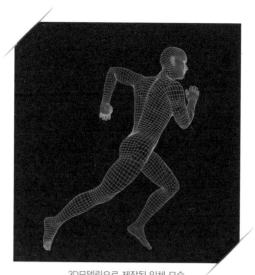

3D모델링으로 제작된 인체 모습

제품을 개발할 수 있을 것이다. 또 역사적. 인문적 지식을 쌓으면 같은 시대를 구현하더라도 훨씬 깊이 있고 흥미롭게 시대 배경을 표현할 수 있다.

• 컴퓨터 응용 프로그램이나 소프트웨어에 대해 흥미를 가지고 전문 지식을 쌓는다. 또한 전문 기술에 대한 응용력, 그림 그리기 등을 익혀 두면 예술적 감각까지 겸비하게 되어 같은 업종에 종사하는 사람들 사이에서 큰 차별화를 꾀할 수 있다.

과학 분야에서는 과학, 특히 모델링에 도움이 되는 물리학이나 컴퓨터공학과 관련된 전공을 선택하는 것이 유리하다. 전문적인 내용을 다루기 때문에 최소 학사 이상의 학력을 취득하는 것이 좋다.

3D모델링 작업을 위해서는 소프트웨어 기술의 활용이 가장 중요하므로 반드시 익혀 두어야 한다. 현재 이 분야에서 활발히 활동하는 사람들은 대부분 디자인이나 애니메이션과 관련된 학문을 전공하였다.

각 분야에서 요구하는 3D모델러의 자격

특별히 요구되는 자격은 없다. 이미 언급한 바와 같이 역사적, 인문적 지식을 쌓고 컴퓨터그래픽, 소프트웨어 프로그램, 컴퓨터과학 등을 기본적으로 알면 거기에 추가적으로 게임이나

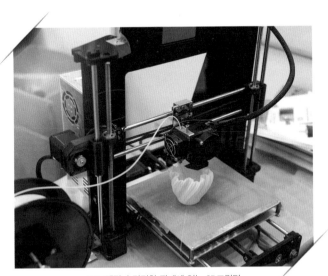

3D모델링과 밀접한 관계에 있는 3D프린팅

디자인 등 분야별로 요구되는 자격을 갖추면 되겠다. 예를 들어 미국에서 3D 보석 모델러로 활동하기 위해서는 매트릭스·라이노 등 3D 프로그램을 능숙하게 다룰 줄 알아야 하며, 최소 5년 정도 3D 주얼리 디자이너로 일한 경력이 필요하다. 3D모델러와 뗄 수 없는 관계에 있는 산업은 3D프린팅이다.

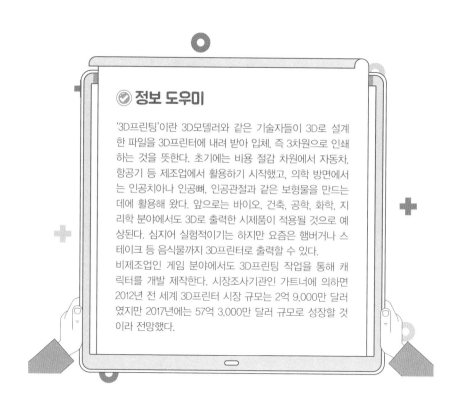

⊘ 정보 도우미

'3D프린팅'이란 3D모델러와 같은 기술자들이 3D로 설계한 파일을 3D프린터에 내려 받아 입체, 즉 3차원으로 인쇄하는 것을 뜻한다. 초기에는 비용 절감 차원에서 자동차, 항공기 등 제조업에서 활용하기 시작했고, 의학 방면에서는 인공치아나 인공뼈, 인공관절과 같은 보형물을 만드는 데에 활용해 왔다. 앞으로는 바이오, 건축, 공학, 화학, 지리학 분야에서도 3D로 출력한 시제품이 적용될 것으로 예상된다. 심지어 실험적이기는 하지만 요즘은 햄버거나 스테이크 등 음식물까지 3D프린터로 출력할 수 있다.
비제조업인 게임 분야에서도 3D프린팅 작업을 통해 캐릭터를 개발 제작한다. 시장조사기관인 가트너에 의하면 2012년 전 세계 3D프린터 시장 규모는 2억 9,000만 달러였지만 2017년에는 57억 3,000만 달러 규모로 성장할 것이라 전망했다.

미디 작곡가

창작 분야에도 인공지능을 적용하기 위한 개발이 한창인데 인공지능은 곧 작곡 분야에도 도전장을 내밀 것으로 보인다. 한때 공상과학영화에서나 가능하던 가상 악기 프로그램은 이미 만족할 만한 수준으로 개발되어 다양한 분야에서 작곡을 하는 데 활용되고 있다.

가상 악기 프로그램은 고전적인 작곡 분야에도 큰 영향을 끼치고 있다. 현재 많은 작곡가들이 이 프로그램을 이용해 활발한 음악 창작 활동을 벌이고 있다. 이런 가상 악기 프로그램만을 이용해 창작하는 사람들은 하나의 직업군을 이루고 있는데 이들을 미디 작곡가라고 한다.

미디 작곡가는
어떻게 작곡할까?

전자 장치를 이용한 음악 작곡과 가상 스튜디오 기술[VST(Virtual Studio Technology, 하드웨어 음악 장비를 소프트웨어로 구현해 놓은 오디오 플러그인)]을 이용, 가상 악기[VSTI(Virtual Studio Technology Instruments)]를 연주자로 삼아 작곡하는 사람이 미디 작곡가이다.

미디 작곡가의 '미디'란 음악 전문가들 사이에서 통용되는 줄임 말로써 가상 스튜디오 기술, 가상 악기를 컴퓨터에서 사용하거나 외부 하드웨어 장비를 위 프로그램과 호환해서 작곡하는 모든 행위를 일컫는다. 옛날에는 작곡가가 오케스트라의 지휘자로 일하면서 그들에게 실제로 연주를 시키기도 하고 자신이 연주할 수 있는 능력을 개발해 가면서 작곡했고 이 곡을 오케스트라에게 연주하게 했다. 하지만 명연주자의 연주를 녹음하고 원하는 방향으로 기계를 조정할 수 있는 현대에는 음악 작곡에 적합한 컴퓨터 프로그램을 개발하여 수많은 인원의 오케스트라를 동원하지 않고도 모든 악기를 디지털화하여 작곡할 수 있게 되었다.

미디 작곡이
적용되는 분야는?

게임, 애니메이션, 뮤지컬, 광고나 UCC(User Created Contents: 사용자 제작 콘텐츠) 영상 등 다양한 분야에서 수많은 종류의 음악이 필요하다.

하지만 그때마다 연주자들이 작곡하는 내내 따라다니며 원하는 부분을 연주해 준다거나 여러 악기로 편성된 곡을 작곡하기 위해 옛날처럼 오케스트라를 불러 작곡하기는 불가능하다. 물론 세계적인 영화음악 작곡가인 한스 짐머처럼 경제력이 되는 사람들은 자신이 작곡한 모든 곡을 세계 최고의 연주자들을 초빙해 실황 녹음을 해서 영화음악을 만들기도 한다.

그러나 대부분의 작곡가, 특히 저작권을 제대로 보호받지 못하는 한국의 작곡가는 경제적으로 넉넉하지 못하다. 그러다 보니 실황 녹음은 꿈도 꿀 수 없는 경우가 대부분인데 음악에 대한 수요는 점점 늘어가고 있으므로 수요에 따른 원활한 공급을 위해 보다 성능이 좋아진 작곡 프로그램과 가상 악기들을 사용하게 되었다.

그 결과 작곡가는 간편하고도 빠르게 작곡할 수 있게 되었다. 현재는 기술 쪽에 능숙한 사람이 많지 않아 자유자재로 미디 작곡을 하는 사람이 적지만 앞으로 보다 다양한 악기의 가상 악기화가 진행되고 차차 미디 작곡 능력을 갖춘 인구가 늘어나면 빠른 시일 안에 미디 작곡가는 각광받는 직업군으로 부상할 것이 틀림없다.

함께 생각해 보기

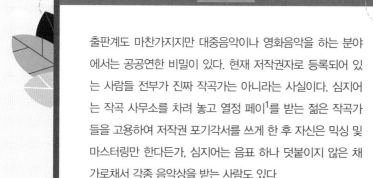

출판계도 마찬가지지만 대중음악이나 영화음악을 하는 분야에서는 공공연한 비밀이 있다. 현재 저작권자로 등록되어 있는 사람들 전부가 진짜 작곡가는 아니라는 사실이다. 심지어는 작곡 사무소를 차려 놓고 열정 페이[1]를 받는 젊은 작곡가들을 고용하여 저작권 포기각서를 쓰게 한 후 자신은 믹싱 및 마스터링만 한다든가, 심지어는 음표 하나 덧붙이지 않은 채 가로채서 각종 음악상을 받는 사람도 있다.

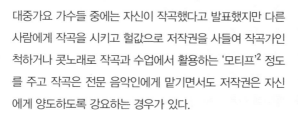

대중가요 가수들 중에는 자신이 작곡했다고 발표했지만 다른 사람에게 작곡을 시키고 헐값으로 저작권을 사들여 작곡가인 척하거나 콧노래로 작곡과 수업에서 활용하는 '모티프'[2] 정도를 주고 작곡은 전문 음악인에게 맡기면서도 저작권은 자신에게 양도하도록 강요하는 경우가 있다.

결국 진정한 작곡가는 소외되고 가짜 창작자만이 이익을 가로채는 것이다. 진정한 창작자를 보호하고 세계적인 음악가를 양산하기 위해서는 앞으로 저작권법이 보다 강화되고 이를 위반하거나 교묘하게 피해가는 행위에 대해 단호한 조치를 취해야 할 것으로 보인다.

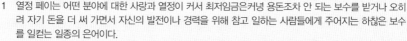

1 열정 페이는 어떤 분야에 대한 사랑과 열정이 커서 최저임금은커녕 용돈조차 안 되는 보수를 받거나 오히려 자기 돈을 더 써 가면서 자신의 발전이나 경력을 위해 참고 일하는 사람들에게 주어지는 하찮은 보수를 일컫는 일종의 은어이다.
2 음악 대학 작곡과에서는 한두 마디의 주요 음을 제시하고 그것을 바탕으로 작곡하는 과목이 있다. 이때 주어지는 음은 모티프라고 한다. 일종의 작곡 방향만을 제시하는 것이다. 거기에 플롯을 적용해 발전시키고 화성을 계산해 음악으로 승화시키는 것이 작곡가의 주요 업무이다. 그러나 대중가수들 중에는 이런 정도의 모티프를 제시하고 자작곡이라고 하는 사람들이 다수 있다. 엄밀히 말해서 이때 작곡가는 음악을 완성한 사람이지 모티프를 제시한 사람이 될 수는 없다.

데이터과학자

세계는 이제 실시간으로 끊임없이 인터넷에서 생성되는 온갖 종류의 데이터로 넘쳐나고 있다. 과학기술이 발달함에 따라 일상생활은 물론 정치 사회 경제 전반에 걸친 모든 정보가 데이터로 처리되고 있기 때문이다. 그리고 이 데이터를 필요에 따라 국경에 상관없이 전 세계인이 공유하면서 점점 웬만한 기관이 보유한 저장소의 용량으로는 감당하기 불가능할 정도로 용량이 큰 데이터가 나타났다. 이를 빅데이터라고 부른다.

이런 빅데이터는 한 분야에 국한되지 않기 때문에 보다 전문성을 가지고 이 데이터를 처리해야 하는 사람들이 나타났고 이들을 데이터과학자라고 부른다.

빅데이터를 자유자재로 다루는 데이터과학자

데이터과학은
어느 분야에 속하나?

현대에 이르기까지 학문은 비교적 쉽게 분야를 나눌 수 있었다. 그런데 점점 각 분야간, 학제간의 융합 연구가 활발해지고 새로운 학문이 나타나면서 학문간의 경계는 점점 모호해지고 있다. 데이터과학 같은 것이 그 한 예이다. 데이터과학은 문헌학도 경영학도 수학도 아닌, 그 모든 학문이 집약되어 나타난 학문이기 때문이다. 따라서 데이터과학자는 한 분야만을 알아서는 곤란한 상황이므로 데이터과학자가 되기 위해서 어떤 분야의 연구를 하라거나 어떤 자격증을 따라고 안내하기는 사실 어렵다.

그런 기준을 마련하기 위해 현재 빅데이터 분야를 다룰 기반을 계속 연구해 가는 과정에 있다고 할 수 있다. 인터넷에 무료로 사용할 수 있도록 공개된 많은 자료들이나 통신사업을 하는 사업가들이 다루는 정보처럼 어마어마한 양의 전자 자료들을 분석해서 적절히 활용함으로써 사업을 구상하고 수익을 증대할 수 있도록 해 주는 일을 담당하는 사람을 현재는 데이터과학자라고 부르고 있다.

이 빅데이터의 속성에 대한 기본 개념은 대개 3V로 표현된다. 3V는 가트너[1]의 더그 라니가 10여 년 전에 처음 주장했던 내용으로 볼륨(Volume 양), 벨로시티(Velocity 속도), 버라이어티(Variety 다양성)를 말한다. 이 막대한 데이터를 잘만 분석해서 활용하면 이익이 엄청나게 증대되겠지만 문제는 이것을 제대로 다룰 줄 아는 전문가가 크게 부족하다는 것이다. 데이터과학자는 사업적인 통찰력과 데이터베이스 전문 기술, 그리고 소통하는 능력을 고루 갖춘 인재여야 하지만 한 분야의 권위자가 되기도 힘든 마당에 이 모든 것을 갖추기란 쉽지 않다. 따라서 대안으로 각 분야 전문가 두세 명을 하나의 팀으로 구성하는 것이 기업들이 내놓은 해결책이다. EMC[2]의 조사 결과에 따르면 데이터과학자의 절반 이상은 다른 데이터과학자나 통계 전문가, 프로그래머들과 공동으로 작업을 진행하고 있다고 한다.

---

1 미국 코네티컷 주에 본사를 둔 IT분야의 리서치 기업.
2 EMC 코퍼레이션(EMC Corporation, NYSE: EMC)은 포춘지 선정 500대 기업, S&P 500 기업 중 하나이며, 정보관리/저장 소프트웨어 및 시스템 생산업체이다. 본사는 미국 매사추세츠 주의 홉킨톤에 있다. EMC는 하드웨어 디스크 어레이, 스토리지 관리 소프트웨어 등 다양한 기업용 저장 기기들을 생산한다. 주력 제품인 Symmetrix는 많은 대형 데이터 센터의 스토리지 체계의 초석이다.

데이터과학자가 되기 위해서는
어떻게 해야 하나?

　　　　　　　외국과 마찬가지로 아직 우리나라에도 데이터
과학자를 길러내는 대학의 전공 학과가 없지만 장차 늘어날 수요에
대비해 관련 일을 제대로 소화해 낼 만한 과정을 개발하는 중이다. 현
재 지식경제부 지원으로 충북대학교에 비즈니스 데이터 융합학과가
개설되어 있고 서울대학교에는 지식 창출 연구 센터가 설립되어 데이
터과학과 관련된 공학, 의학 등 다양한 학문 분야의 교수진들이 협력
하며 타 분야와의 접목과 응용 방안을 연구해 왔다.

　　현재 서울대 빅데이터 센터에는 법학, 컴퓨터공학, 경영학, 산업
공학 등 각 분야 전문가들이 모여 연구를 진행하고 있다. 고려대학교
는 통계청과 MOU를 맺고 2014년, '빅데이터 융합 창의 연구 센터를
출범하고 국가 빅데이터 구현 및 연구과제 수행'에 본격적으로 참여하
기로 한 바 있다. 최근까지는 계산통계학자 등이 데이터를 처리해 왔
는데 인터넷의 초석이 된 '아르파넷(ARPANET: Advanced Research Projects Agency
Network)', 하둡(Hadoop)과 같은 오픈 소스[1]를 기반으로 한 컴퓨팅 플랫폼
이 등장하면서 데이터 용량이 감당할 수 없을 정도로 커져서 전문가
와 보다 큰 분석과 처리 능력을 갖춘 기반시설을 요구하게 된 것이다.

　　데이터를 소화하여 실생활에 적용시켜야 하는 요구를 어느 정도

1 　소프트웨어의 설계도에 해당하는 소스 코드를 인터넷 등을 통하여 무상으로 공개하여 누구나 그 소프트
　 웨어를 개량하고 이것을 재배포할 수 있도록 하는 것.

충족시키는 학과도 신설되었다. 고려대학교 세종캠퍼스 과학기술대학에 있는 응용수리과학부 데이터계산과학 전공은 아직 수학적 필요에 특화되어 있지만 어느 정도 타 분야와의 공조 연구를 염두에 두고 개발되어 시대가 요구하는 데이터과학자를 키워내기에 적합한 이수과정을 운영하고 있다. 한편 경기도는 2016년 빅데이터 전문 연구 센터인 빅파이 센터를 열고 공식 업무를 시작했다.

▌해외 동향

외국의 경우, 콜롬비아 대학이 제일 먼저 빅데이터 처리와 분석에 필요한 과목을 조사한 뒤 '데이터과학'이라는 과정을 최초로 개설했다. 콜롬비아 대학의 조교수 레이첼 슈트는 교육과정을 개발했을 뿐만 아니라 2012년 7월에는 데이터과학 및 공학 연구소를 대학교 안에 설립했다.

슈트는 구글의 선임 통계학자이며 콜롬비아 대학 통계학과의 조교수로 재직중이다. 페이스북 데이터팀 책임자였던 클라우데라(Cloudera)의 수석 과학자 제프 해머바체르와 UC 버클리 컴퓨터사이언스학과의 마이크 프랭클린 교수도 2012년 봄 버클리 대학에 데이터과학이라는 과정을 개설했다.

이 외에도 스탠포드, 스티븐스, 하버드(2013년 봄), 신시내티 대학 등 많은 학교들이 '데이터과학자' 양성을 위한 과정을 첨단 애널리틱스 학위 과정 안에 두고 있다. 과거 오바마 정부는 빅데이터 R&D 이니셔티

브의 인력 양성 계획을 마련하여 체계적으로 인재를 공급하기 위한 토대를 준비했고 차세대 데이터과학자와 엔지니어를 배출하기 위해 학제간 교육 프로그램 개발을 장려했다. 미국 정부는 버클리 대학에 1000만 달러를 투자해 데이터 정보 전환 기술을 통합 지원했다.

예전에는 인류가 쌓은 지식을 책의 형태로 도서관에 남겨 후세에 확인할 수 있도록 했지만 요즘은 세계 곳곳에서 인터넷상으로 만들어지는 데이터 용량이 너무 커서 이 빅데이터를 효과적으로 관리하는 전문가들이 필요하게 되었다.

일반인들은 개인적으로 자신에게 필요한 자료를 모두 저장하기가 불가능해 컴퓨터 또는 인터넷 관련 대기업이 제공하는 시스템에 의존해서 그 빅데이터를 관리하도록 위임하고 필요할 때는 불러다 쓰는 방법을 택하고 있다. 하지만 모든 기계는 수명의 차이는 있을지언정 언젠가는 망가지게 되어 있다. 문서로 남은 자료는 없는데 빅데이터를 불러올 시스템에 문제가 생겼을 경우 인류는 그 자료들을 영원히 잃어버릴 위험에 처하게 된다.

앞으로 점점 더 용량이 커지는 빅데이터를 일반인이 쉽게 이용하고 필요할 때 불러오거나 남기는 방법을 제시하지 못한다면 현세 인류의 문명 역시 제3차 세계대전 등 어떤 이유로 파괴된 후에는 복원할 길이 사라지게 되는 것이다. 몰락한 고대 문명을 타산지석으로 삼아 과학이 발달할수록 만약의 경우 데이터를 복원해 사용할 수 있는 방법을 동시에 발전시켜야 할 것이다.

우주여행 가이드

우주여행은 공상과학영화에서나 다루는 일로 아직 우리에게는 너무 먼 미래의 일처럼 느껴진다. 도대체 우주여행을 기획해서 관광객을 모집하는 곳이 있기나 한 것일까? 하지만 정말 우주여행 상품을 내놓고 사업을 하는 곳이 있다.

우주여행의
서비스 상품화

소련연합(USSR)이 무너진 후 한때 공산국들의 맹주이던 러시아는 큰 경제적 어려움에 직면한다. 이를 타개하기 위

미래 우주여행을 도와줄 우주여행 가이드

해 군사 및 과학 발전의 목적으로 설립된 러시아의 항공우주국에서 엄청난 돈을 받고 연구 혹은 물건들을 실어 나를 목적으로 만든 우주선 소유즈(Soyuz) 호에 일반인을 태우면서 우주여행이라는 상품이 탄생하게 되었다.

　미국의 사업가 데니스 티토(Denis Tito)는 2001년 4월 소유즈 호에 탑승해서 6일 동안 우주여행을 했다. 이 상품의 가격은 무려 2000만 달러, 한국 돈으로 214억 원(1달러가 1,070원일 경우)이다. 대부분의 상품은 개발 초기에 엄청난 가격을 지불해야 한다.

　지금은 값싼 직물의 대명사인 합성섬유도 발명 초기에는 질기고 보온 효과가 뛰어나 비싼 값에 팔렸다. 또한 값싼 제품의 대명사인 플라스틱 바가지 역시 예전에는 물이 전혀 새지 않고 깨지지 않는다는 장점을 가진 까닭에 현재 인사동에서 비싼 값에 팔리는 전통 바가지와 비교할 수 없을 정도로 비쌌다. 이런 상품들은 대량생산이 되면 '규모의 경제' 덕에 가격이 하락하기 마련이다. 마찬가지로 우주여행이 어느 정도 대중화가 될 즈음이면 우주여행 비용도 현재 비행기 값 정도의 체감비용을 내고 다닐 수 있을 것이다.

어느 여행이든 대중화가 되면 사고 없이 여행을 마칠 수 있도록 도와주는 가이드가 필요하기 마련이다. 우주여행이 어느 정도 일반화 될 시점이면 한 세기 전 스튜어디스가 고학력자들의 고소득 직종이었던 것처럼 우주여행 가이드가 하나의 고급 직업군으로 자리 잡게 될 것이다.

아무리 대중화 된다고 해도 열차나 고속버스, 비행기 여행과는 달리 일인당 여행비가 천문학적인 숫자에 육박하는 우주여행에서 비행기처럼 단순한 서비스를 제공하는 승무원들을 고용하기는 힘들다. 우주선을 조종하고 객실의 시설물을 유지하기 위해 꼭 필요한 최소한의 인원만으로 여행해야 하므로 우주여행 가이드는 일반적인 여행 가이드와는 성격이 다를 수밖에 없다.

우주여행 가이드는 긴급할 때 우주선을 조종하고 관리할 줄 알아야 하는 것은 물론, 승객을 우주선에 태우고 함께 우주 탐사를 진행하는 동안 미연의 사고를 방지하고 우주 환경에 적응시킬 수 있도록 여행객의 준비 훈련 업무까지 해내야 한다.

무중력 상태라 음식을 먹고 배변을 하는 등 일상 활동이 지상에서처럼 자유롭지 않은 우주 공간에서 견딜 수 있도록 육체적 훈련뿐만 아니라 넓고 어두운 우주에서 당황하거나 공포심을 느끼지 않도록 여행객의 심리 훈련까지 실시해야 한다. 또 지구에 돌아올 때 우주선이 떨어지는 엄청난 속도에 쇼크를 받지 않고 견디도록 중력가속도 훈련, 우주 공간에서 이동할 수 있는 무중력 훈련도 시켜 주어야 한다. 이때 충격을 견디지 못하면 인명 피해와 같은 큰 사고로 연결될 수도 있다. 신체적으로 안전하게 도착한다고 해도 정신적인 충격으로 트라우마가 생길 수도 있다. 이 후유증까지 책임져야 하는 것이 우주여행 가이드이다.

우주여행, 언제쯤 가능한가

현재 국가적 혹은 세계적인 부호들의 개인 연구소를 통해 우주여행 계획들이 차근차근 실행되고 있다. 우주여행 서비스를 상품화 할 수 있는 나라와 추진 기관들은 다음과 같다.

우주여행을 실현시켜 줄 왕복우주선

영국의 버진 갤럭틱

영국이 개발한 우주여행선 '버진갤럭틱'은 2015년 시험비행 중 폭발했다. 하지만 이 우주선의 후속 실험 우주선인 '버진갤럭틱 스페이스쉽 2호(SS2)'가 만들어지기도 전에 예약자가 700명에 이르고 있다고 한다. 2시간 여행 비용이 3억 원으로 엄청난 가격이지만 소유즈 우주선을 타고 우주여행을 했던 데니스 티토보다는 훨씬 저렴한 비용을 지불하는 셈이다.

스페이스 X의 팰컨 9

아이언맨의 실제 모델이자 전기 자동차로 유명한 테슬라 모터스의 최고 경영자인 엘론머스크는 2024년 화성으로 유인 우주선을 발사해 2025년 화성에 착륙시킨다는 계획을 세우고 있으며 이때 체험 비용은 약 6억 원이라고 한다.

미국의 블루오리진

제프 베조스(아마존 창업자)가 설립한 민간 우주개발업체 블루 오리진은 로켓을 재활용하여 지구에 귀화시키는 실험에 연속 4회째 성공했다. 우주여행 비용을 낮추기 위한 실험인 셈이다.

빠르면 2018년 제프 베조스는 조종사를 태운 유인 실험을 진행하고 2020년부터는 일반 탑승객에게 2억 2천만 원 정도를 받고 우주여행 왕복 서비스를 할 예정이라 하니 우주여행 시대는 이제 카운트다운만 남기고 있다고 하겠다.

미국의 XCOR 에어로 스페이스

XCOR 에어로 스페이스사는 비행기 모양의 우주선을 개발중이다. 이 우주선의 이름은 링스인데 조종사 한 명, 여객, 화물을 실을 수 있으며 소형 위성을 고도 100km 정도까지 동반할 수 있도록 설계되었다고 한다. 에어로 스페이스사의 상품은 여행객에게 우주의 무중력 상태를 6분간 체험하게 해 주는 서비스가 포함되어 있고 하루 최대 4회 비행이 가능하다고 한다. 체험 비용은 약 1억 1000만 원으로 비교적 저렴한 편이다.

우주여행 가이드가 되기 위한 조건은?

우주선 조종을 위해서는 항공공학과, 기계공학과처럼 기계를 능숙하게 다룰 수 있는 전공을 선택하는 게 유리하다. 그리고 전공만큼이나 중요한 것이 강철 같은 체력이다. 또한 엄청난 중력가속도를 이겨내야 하고 도와줄 사람은 아무도 없는 곳에서 돌발적인 사고를 당해도 냉철하게 상황을 수습할 강한 정신력으로 무장되어 있어야 한다.

이런 능력을 토대로 우주에서 일어나는 여러 가지 현상과 가는 곳의 위치, 특성 등에 대해 설명할 수 있는 지식을 갖추면 비로소 많은 여행객의 생명을 책임지고 우주여행을 떠날 기본 자질이 마련되는 것이다. 또 각국에서 온 여행객들과 큰 어려움 없이 의사소통할 수 있도록 기본적으로 영어를 구사해야 하고 그 외에 다른 언어를 익히면 더 좋을 것이다.

　미래에는 통역기가 발달해서 굳이 외국어를 배우지 않아도 된다는 주장을 펼칠 수도 있겠지만 기계란 늘 우리 손에 쥐어지는 게 아니다. 특히 불의의 사고를 가정하고 그때 해결할 모든 방법을 준비해야 한다. 늘 최악의 경우를 가정하고 그 상황에서 헤쳐 나갈 복안을 마련해야 한다. 우리가 일상적으로 우주여행을 가는 시대가 온다면 우주여행 사고 또한 지금의 교통사고처럼 일상적인 문제가 될 테니 말이다.

디지털 오케스트라
지휘자

아무리 가상 악기가 훌륭하게 개발되고 디지털 악기가 명품 악기를 능가하는 소리를 낸다고 하더라도 그것을 최종적으로 제어해서 하나의 화음을 이루어 내는 것은 디지털 오케스트라를 총괄할 수 있는 능력을 지닌 사람, 디지털 오케스트라 지휘자가 맡을 전망이다. 음악 연주는 기계적으로 정확한 것보다는 지휘자의 인생 깊이가 곡 전체를 재해석하고 연주하는 데 끼치는 영향에 따라 같은 곡이 완전히 차별화 되는 경우가 대부분이기 때문이다.

이것은 데이터가 아니라 삶의 굴곡과 정서를 가진 체험으로만 얻을 수 있는 감정과 지성의 폭으로 표현되는 것이므로 단순히 기계적인 데이터를 조합함으로써 완성할 수 있는 것이 아니다. 따라서 연주

는 기계가 하게 될지라도 지휘는 미래에도 인간만이 가장 확실한 아름다운 음악을 전달할 수 있을 것이다.

현재 가상 악기를 이용해 작곡하는 작곡가들이 많이 있다. 그러나 똑같은 가상 악기를 쓰더라도 그 악기 소리의 강약, 조합, 믹싱 및 마스터링 등이 작곡가마다 모두 다르게 창작되기 때문에 같은 도구를 쓰지만 완전히 새로운 음악이 가능한 것이다. 앞으로 연주자가 기계나 사이보그로 대체되더라도 지휘자는 현재 가상 악기 프로그램을 이용해 작곡하는 작곡가들처럼 인간이 최종적으로 맡게 될 것이다.

디지털 오케스트라를 지휘하는 게 가능할까?

머지않아 가상 악기 프로그램도 진화에 진화를 거듭하여 컴퓨터 프로그램만으로 현재 각 악기의 거장급 연주자 같은 소리를 재현할 수 있게 되리라고 본다. 하지만 개별 악기의 연주 소리가 최고라고 해서 그 소리들을 조합해 동시에 연주하게 될 오케스트라의 소리가 최고라고 할 수는 없다. 가상 악기지만 각 악기의 강약을 조절하고 감정을 이입해서 최고의 조화를 이끌어 내는 역할을 하는 사람이 있어야 각 악기의 훌륭한 연주가 하나의 오케스트라로서 최고의 음악을 재현할 수 있다.

현재 실황 연주에서 이 역할을 하는 사람이 지휘자인데 앞으로 가상 악기를 이용해 관객을 초대한 연주회가 선보인다면 가상 악기들을 조율하고 음악을 완성하는 역할을 해낼 사람이 필요한데 바로 이런 일이 미래의 지휘자가 하는 일 중 하나이며 현재의 지휘자가 진화한 형태가 될 것이다.

현재도 사용되는 큐베이스(Cubase) 같은 DAW 음악 프로그램을 보다 진화시켜 가상 악기를 연주하게 한 다음 각 악기가 최상의 조화를 이루도록 제어 기기 앞에서 총괄 조정하는 미래의 지휘자를 머지않아 만날 수 있을 것이다. 어쩌면 고전적인 지휘자의 모습을 재현하기 위해 제어 기기는 가상 악기의 볼륨, 음색, 박자 등을 제어할 수 있도록 하되 외관은 지휘봉의 모습을 본따 제작될지도 모르겠다.

디지털 악기들이 음악적으로 어떤 효과를 사람들의 정서에 미치는지 연구하고 조정하면서 디지털 오케스트라를 지휘하는 총괄감독은 미래의 디지털 오케스트라 지휘자라고 할 수 있겠다.

⊘ 정보 도우미

현존하는 디지털 오케스트라와의 차이점은?

요즘도 디지털 오케스트라라고 불리는 음악인 그룹이 있다. 이 오케스트라는 기본적으로 해당 악기를 좀 다룰 수 있는 사람들로 구성되어 있다. 그러나 한때 유행했던 음악 연주 게임 '이지 투 디제이'처럼 연주해야 할 부분에 불이 들어오거나 특정 표시가 생기면 그것을 눌러 소리를 내는 것으로, 각 연주자는 정말 그 악기를 연주할 실력이 있는 악기 연주자라기보다는 디지털 기계로 능숙하게 음악 게임을 행하는 게이머, 연주 연한이 길어질수록 레벨이 높아지는 프로게이머라는 것이 사실에 가깝다. 악기 소리는 유명 연주자나 오케스트라의 연주를 녹음해 악기 모양 컴퓨터 기기에 입력한 것이다.

그러나 이 오케스트라를 단순한 음악 게임 집단으로 매도할 수 없는 것은 기기에 불이 들어오는 위치의 표식을 눌러 연주함에도 연주 시점, 세기, 박자, 정확도 등등을 조절하여 다른 단원들의 악기 소리에 귀 기울여 가면서 화음을 이루어야 제대로 된 음악이 완성된다는 점 때문이다.

지휘자는 일반 오케스트라와 마찬가지로 음악을 나름대로 해석해서 전 단원들을 일사불란한 화음으로 이끌어 곡을 완성해 나가야 한다. 비록 디지털 악기지만 지휘자의 지시에 따라 꼭 필요한 순간, 필요한 세기와 감성으로 자신의 소리를 내야만 비로소 음악이 이루어진다는 점에서는 고전적 악기로 이루어진 오케스트라와 별 차이가 없다. 하지만 자신의 손으로 음악을 창조해 내는 데는 한계가 있다.

반면 이 책에서 소개하는 미래의 디지털 오케스트라는 지휘자를 빼면 전적으로 전자악기나 사이보그 연주자로 구성된 오케스트라를 의미하며 이 기기나 로봇들을 제어가 가능한 지휘봉으로 작동시켜 연주하는 오케스트라 시스템을 뜻한다.

함께 생각해 보기

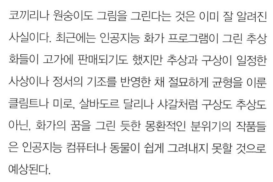

코끼리나 원숭이도 그림을 그린다는 것은 이미 잘 알려진 사실이다. 최근에는 인공지능 화가 프로그램이 그린 추상화들이 고가에 판매되기도 했지만 추상과 구상이 일정한 사상이나 정서의 기조를 반영한 채 절묘하게 균형을 이룬 클림트나 미로, 살바도르 달리나 샤갈처럼 구상도 추상도 아닌, 화가의 꿈을 그린 듯한 몽환적인 분위기의 작품들은 인공지능 컴퓨터나 동물이 쉽게 그려내지 못할 것으로 예상된다.

한편, 예술작품을 만들 때 고도의 기술이 필요하고 때로는 위험한 주물 작업에 이르기까지 육체노동이 병행되는 조각가, 공예가, 도예가 등 무엇인가를 만드는 작업을 해온 작가들은 입체 작업을 도와주는 3D프린터를 이용하여 앞으로 작업이 훨씬 쉬워질 전망이다. 하지만 적어도 데이터보다는 독창성을 중요시하는 예술 분야에서만큼은 사람을 완전히 대체하는 기계가 나오리라고 생각하는 학자들이 아직은 많지 않다고 할 수 있다.

그러나 어디까지가 인간인가에 대한 의문이 선결 과제가 될 것이다. 만일 인간도 신이 만든 생체 기계라면? 인간과 똑같이 감정을 느끼고 생각할 수 있는 존재가 있다면 몸이 무엇으로 만들어져 있건 인간이라고 볼 수도 있을 것이다.

한국노동연구원에서는 향후 20년 이내에 사라질 직업에 대해 그동안 연구한 보고서를 발표했다. 다음 글은 한국노동연구원의 보고서에 대한 '국민일보' 기사이다.

한국노동연구원과 한국직업능력개발원이 최근 공동 발표한 '양극화 극복을 위한 정책 방향' 보고서에 따르면 우리나라 청년 고용률은 경제협력개발기구(OECD) 34개국 중 29번째 수준이다. OECD는 지난해 10월 한국 15~29세 청년 실업률을 10.7%로 분석했다. 외환위기 3년차인 2000년 10.8%를 기록한 이후 16년 만에 가장 높은 수준이다. 국내 통계지표 역시 암울한 상황을 방증한다. 통계청은 지난해 12월 기준 청년 실업률을 OECD보다 약간 낮은 9.8%로 집계했다. 10명 중 1명이 '백수'다. 하지만 비공식 지표를 사용하면 청년 실업률은 22.0%까지 치솟는다.

보고서는 4차 산업혁명이 도래하면서 청년 고용이 더욱 어려워질 수 있다고 경고했다. 인공지능(A.I.) 등이 사람을 대체할 수 있는 국내 직업을 계산해 보면 향후 20년 내 관리직 등 57%의 직업이 사라진다는 전망이다. 같은 방식으로 분석했을 때 미국(47%)보다도 높다. 한국고용정보원이 지난달 발표한 국내 전문가 21명에 대한 설문조사는 더 암울하다. 향후 10년 내에 현재 직업 종사자 10명 중 6명 이상이 인공지능·로봇에 자리를 내주게 된다는 평가다.

더 심각한 부분은 청년 고용의 양극화가 심화될 거라는 전망이다. 보고서는 향후 발생하는 직업군은 데이터와 지식에 기반한 승자 독식 구조가 될 것이라고 보고 있다. 경험이 없는 청년층에 불리한 구조다. 이미 징후는 보인다. 연세대가 2013년 발표한 '장년 고용 지원을 위한 고용 지원금 개편 방안 연구' 보고서를 보면 우리나라는 1년 이하 신입직과 20년 이상 경력직의 임금 격차가 3배 이상 벌어져 있다. 일본의 경우 2.4배, 독일은 1.9배 수준에 불과하다. 그나마 우리나라는 실업자들을 위한 사회적 안전망조차 OECD 국가 중 32위 수준이다. '제2의 기회'를 바라기 힘든 구조다.

20년 후면 현재 중·고등학교에 재학한 학생들이 생산 인구로서 경제 전반에서 활발히 활동해야 할 시기이다. 이때 사회 변화에 제대로 적응하지 못하면 이 기사에서 우려한 대로 윤택한 삶을 누릴 기회를 잃고 양극화의 하단에 속하게 되는지도 모른다. 이 기사에서는 직접적으로 직업의 이름을 거론하는 것을 기피하고 네 가지 범주로 뭉뚱그려 언급하고 있다. 하지만 우리는 현재 각광받는 직업을 중심으로 보다 세밀하게 분석해 보기로 한다.

교수

교수는 오랫동안 각광받는 직업 중 하나였고 오랫동안 안정적인 직업이었다. 교수는 학생들을 가르치고 학위를 받을 수 있도록 이끌어 주며 자신의 전공 분야에 대해 끊임없이 연구하고 일부는 학생들을 선발하는 일에도 직접 관여한다. 각 대학에는 수없이 많은 과가 있다. 그리고 각 과에는 여러 명의 교수가 있다. 각 교수는 전공이 제각기 다르고 학위를 받은 기간이 다르지만 한 가지 공통점은 거의 비슷한 과정을 거쳐서 교수라는 직업을 얻게 된다는 것이다.

현재 교수가 되는 지름길은 대학에 들어가 학사 학위를 딴 후 전공과 연계된 대학원에 입학해 석사, 박사 학위를 받는 것이다. 학위를 받은 후에는 교수 모집에 지원하거나 초빙을 받아 교수가 될 수 있다.

오랫동안 각광받았지만 미래에 사라질 수 있는 교수

문예창작이나 작곡, 회화, 음악 등 창작 분야에서는 해당 분야 권위자라면 교수가 될 수 있다. 하지만 창작과 학문적인 연구와는 근본적으로 일정한 거리가 있기 때문에 요즘은 해당 분야의 권위자이면서 다른 교수들처럼 학위도 가진 인재를 영입하는 추세이다.

　　그런데 교수의 역할은 학생들이 연구 주제와 범위를 학위 논문 작성에 적합하게 제대로 잡았는지 방향을 설정하는 데 도움을 주고, 연구 과정 중에 필요한 필수 지식을 전달해 주며 그것을 논리적으로 정리해 하나의 학문적 연구 결과로서 엮도록 이끌어 주는 사람이다. 하지만 대필이 아니라면 교수가 아무리 학생을 도와주더라도 교수는 보조적 역할에 그친다. 결국 학위논문의 구상부터 연구까지 학습자 스스로 해 내야 하는 것이다.

　　이쯤에서 기술에 대한 이야기로 잠시 넘어가 보자. 요즘은 소비자가 어떤 제품의 수리 서비스를 신청하거나 민원 서비스를 받기 위해 전화를 걸면 교환원이 아니라 미리 입력된 내용을 읽어 주는 기계 응답 프로그램인 경우가 대부분이다. 기계 응답과 전화한 사람 사이에 쌍방향 의사소통이 불가능하다는 점에서 아쉽긴 하지만 이러한 기술 발전은 교환원 또는 상담원이라는 직업 하나를 잠식해 버린 셈이다.

장차 쌍방향 소통 기능이 강화된 응답 프로그램에 인공지능을 연결해 사용자가 묻는 대로 정확하고 방대한 지식을 제공함으로써 연구 과정을 도와주는 프로그램이 나타난다면 사실상 교수가 하는 일을 대신 하게 될 것이다. 그렇다면 대학에서 교수는 모두 사라지게 되지 않을까? 같은 이유로 대학도 사라질 수밖에 없다. 어차피 지식을 제공하는 것에서부터 그 지식을 연계하여 새로운 지식을 창출해 내는 일까지도 쌍방향 소통을 통해 알파고보다 훨씬 강력한 슈퍼컴퓨터가 해결한다면 인간이 할 일은 사라지는 셈이다.

컴퓨터가 지적인 영역을 대신하게 된 세상에서 인간은 다른 동물보다 조금 더 진보한, 사육당하는 가축과 다를 바가 없다. 공상과학영화 『A.I.』에서 사이보그 소년이 긴 잠에서 깨어났을 때 세상은 로봇에 의해 움직이고 인간은 로봇이 유전자 복제를 통해 복원해 내는 생물의 한 종이 되어 있다. 『A.I.』는 미래 세상의 '미리보기'나 다름없다.

지금까지는 세상의 지식을 인간이 축적해 왔기 때문에 필연적으로 인간 중심으로 연구되고 새로운 분야가 개척되어 왔으며 데이터베이스가 구축될 수밖에 없었다. 출발선이 이미 인간이 도태된 세상이 아니라면 인간의 몸과 한계야말로 인간이 연구하고 알아야 할 분야이며 이에 대해 가장 잘 아는 것은 인공지능이 아니고 인간이라고 할 수 있다. 따라서 교수가 사라진 세상은 이미 인간 중심의 사회가 아닐 것이다.

인간이 사회의 중심이 되어 세상이 움직이는 한 교수라는 직업은 명칭이 약간 변하거나 하는 일이 조정되는 변화를 겪은 후 앞으로도 분명 존속하게 될 것이다. 아마도 방대한 지식을 전하는 작업은 알파고와 같은 인공지능을 이용하게 되겠지만 그 지식을 연구로 심화시켜 입력하는 단계, 빅데이터에 추가로 지식을 축적시키기 전 진위 여부를 판단하는 일, 새로 쌓인 지식을 이용해 새로운 분야를 개척하거나 검증, 결합하여 결과를 도출해 내는 일, 그것을 활용하는 단계에 오류가 없도록 조정하고 학생들에게 같은 역할을 할 수 있는 방법을 전수하는 일 등은 교수가 전담하게 될 것이다. 이때쯤 교수는 '지식 코디네이터'로 불릴지도 모른다.

성우

현재 성우들이 투입되는 분야는 다양하다. 라디오 방송국뿐만 아니라 텔레비전 홈쇼핑 등에서 제품을 설명하는 일, 지하철 안내방송에서부터 자동차 내비게이션의 길 안내, 애니메이션 캐릭터를 맡아 더빙하는 일 등등 다양한 일거리가 있다. 그런데 최근 전화번호 안내나 버스 도착 알림 등은 컴퓨터 소리로 해결하는 경우가 많다. 이때 컴퓨터가 조합해 내는 소리는 사실 수요자가 요구하는 일정한 음색을 지닌 성우의 목소리를 데이터에 저장해 두었다가 재생하는 것이다.

앞으로 성우는 자신의 목소리를 제공하고 목소리가 쓰일 때마다 작가나 음악 창작자처럼 저작권료를 받을 수 있게 될 전망이다. 현재 음악 분야에서는 오케스트라의 연주나 각종 악기 소리에 사용료를 지불하고 데이터로 축적해서 가상 악기를 만들어 판매하는데 여기에는 세계적인 성악가의 목소리도 있다. 성우의 목소리도 악기처럼 데이터베이스화 된 목소리 프로그램으로 제공될 수 있다. 1인 미디어 시대인 지금부터는 이런 가상 성우 프로그램을 통해 다양한 영상이나 음원을 만들 수 있게 될 것이다.

요즘 전자책인 이북(e-book)을 넘어서 듣는 책인 오디오북(audio-book)의 출판 시장 점유율이 점차 커지고 있다. 한때는 시각장애인을 위해 개발되었던 오디오북은 장애가 없는 사람들도 운전하거나 일하는 동안 독서를 할 수 있는 이점을 가지기 때문이다.

사람의 목소리를 컴퓨터 합성음으로 100% 내기는 어려울 것이다. 사람은 신체 상태뿐만 아니라 기분이나 정신 상태, 성격, 지식의 유무가 미세한 차이를 만들어 내기 때문이다. 물론 컴퓨터 합성음의 업그레이드를 위한 개발도 이루어지겠지만 가상 악기처럼 성우들의 특색 있는 목소리가 데이터베이스로 저장되어 성우 프로그램으로 개발될 확률이 높다. 따라서 방송국에서는 여전히 인기 있는 성우들이 활동하겠지만 목소리가 좋은 일반인도 가상 악기처럼 자신의 목소리를 제품화하여 거래하는 형태가 등장할 것으로 보인다.

배우와 가수

요즘은 게임 캐릭터가 진짜 영화배우 못지않게 인기가 높다. 『레지던트 이블』 시리즈의 주인공들 중 알버트 웨스커(Albert Wesker), 시리즈 4, 6 등에 등장하는 에이다 웡(Ada Wong) 같은 게임 캐릭터는 젊은이들 사이에서 어느 할리우드 영화배우 못지않은 인기를 누리고 있다.

『레지던트 이블』 시리즈는 할리우드에서 영화로 제작되었다. 게임에서는 나오지 않는 엘리스 역을 맡아 열연하는 배우의 경우 예외이지만 남자 주인공 알버트 웨스커나 여주인공으로 활약하는 에이다 웡 역을 맡은 배우의 경우 보통 영화화 된 소설 주인공들과는 달리 게임 캐릭터 이미지가 존재하기 때문에 비교가 될 수밖에 없다.

대부분의 『레지던트 이블』 게임 마니아들은 영화배우들의 배역

선정에 실망을 감추지 못한다. 영화 시나리오상의 캐릭터와 배우의 관계는 게임 시나리오 캐릭터와 그 시나리오에 의해 창조된 인물과 다르다. 게임의 경우 시나리오에서 지향하는 바를 거의 완벽하게 캐릭터 디자인에 반영할 수 있기 때문에 충성 소비층에게는 게임 시나리오 속 캐릭터와 인물의 이미지가 100% 동일시된다는 데 강점이 있다. 그러나 영화의 경우 원작에서 묘사한 캐릭터와 배역을 연기하는 배우 사이에 큰 차이가 날 수 있다.

'배우'란 이미지를 먹고 사는 존재이다. 하지만 배우는 영화에 나오는 캐릭터와는 전혀 별개의 사람이라는 게 문제이다. 따라서 과학이 발달하면 가장 먼저 위기를 느껴야 할 직업이 배우인지도 모른다. 이런 상상을 제대로 그린 영화가 있다. 영화『대부』에서 카리스마 있는 연기로 유명해진 알파치노가 주연으로 등장하는 영화『시몬』이다.

이 영화에서 감독은 자신의 천재성을 알아주지 않는 세상과 콧대 높은 여배우 때문에 힘들어하다가 그의 팬인 컴퓨터 엔지니어로부터 사이버 여배우 프로그래밍 CD-ROM을 받게 된다. 사이버 여배우 시몬을 등장시킨 영화는 대성공을 이루고 점점 그녀의 존재는 사람들에게 관심의 집중 대상이 된다.

이 영화는 배우라는 직업이 더 이상 인간의 독점물이 될 수 없음을 보여주고 있다. 그러나 동시에 사이버 배우 '시몬'은 과학기술로 탄생한 허상의 존재임에도 살아있는 인물이라는 생각을 가지게 함으로써 사람들 사이에서 진정한 인기를 얻을 수 있다는 사실을 시사한다.

영화 주인공을 인간이 맡는 것보다 애니메이션 캐릭터처럼 철저하게 기획된 가상의 존재가 맡는 것이 가장 완벽한 연기를 펼치기에 알맞다는 것은 대부분의 사람들도 예측할 수 있다. 문제는 배우의 명성은 위에 언급된 영화에서처럼 그 대상이 살아있는 존재라는 전제하에 따른다는 것이다. 『시몬』이라는 영화는 직업으로서의 배우가 직면한 도태 위험뿐만 아니라 그래픽으로 대체되었을 때 과연 배우라는 존재 없이도 사람들의 관심이 유지될 수 있을까에 대한 고찰까지도 동시에 할 수 있게 해 준다.

교통경찰관

세계 최초로 신호등을 사용한 나라는 영국이다. 1868년 런던에 가스를 사용하는 신호등을 달았는데 경찰관이 상황에 따라 수동으로 직접 적색과 녹색을 조작하는 장치였다고 한다. 그러나 가스 폭발이 자주 일어나 경찰관이 부상을 입곤 했으므로 촛불 신호등과 석유 등으로 바꾸었다고 한다. 이후 전기 신호등이 최초로 설치된 시기는 1914년 미국 디트로이트에서였다. 이 신호등은 정지를 위한 적색등 하나만 있는 수동식 신호등이었으며 지금처럼 3색 신호등이 설치된 것은 1918년 미국 뉴욕이었다고 한다.

한국에는 일제 강점기였던 1940년, 기차역 플랫폼 입구에서 기차의 홈인(Home-in)을 유도하던 날개식 신호기가 최초로 설치된 교통

신호기였다. 이 신호기는 서울의 종로 사거리 화신백화점 앞, 을지로 입구, 조선은행 앞에 설치되어 교통경찰이 손으로 조작하였는데 등(燈)이 없었기 때문에 밤에는 쓸 수 없었다고 한다. 광복 이후 미군이 상륙하면서 3색 전기신호기가 나타나기 시작했다고 한다. 1973년 ㈜한국전기에 의해 교통신호등이 체계적으로 설치되기는 했지만 자동차들이 폭발적으로 증가하자 도시 전체를 연계한 신호등의 필요성이 제기되었고 1978년 중앙에서 통제되는 온라인 신호 시스템이 등장하게 된다. 1990년대에는 한계에 다다른 교통량 때문에 실시간 신호 제어 시스템이라는 새로운 시스템이 등장하게 되었다.

1990년대만 해도 주요 교차로에는 수신호를 하는 교통경찰관이 눈에 띄었지만 요즘은 국가적인 행사나 촛불집회 같은 특수한 경우를 제외하면 주요 교차로는 자동제어 시스템만으로 교통을 통제하고 있으며 그 곳에서 근무하는 교통경찰관은 교통 위반 차량을 감시하거나 만약의 사태를 위해 자리를 지키는 정도의 일을 하고 있다. 현재처럼 많은 차량이 달리는 교차로에서 옛날처럼 경찰관이 수신호를 하며 근무한다면 교통사고의 위험이 떠나지 않을 것이다.

이제 곧 하늘을 나는 택시도 시험운행을 마쳤다고 하니 공중에까지 차들이 다닐 경우 수신호로 교통을 제어한다는 것은 불가능에 가까워질 전망이다. 따라서 교통이 발달하고 교통량이 많아질수록 그에 걸맞은 교통 제어 체계가 발전할 것이며, 위험하면서도 정확성이 요구되지만 단순한 작업에 속하는 교통정리 같은 일은 인공지능을 탑재한 교통신호 체계나 로봇이 담당하게 될 전망이다.

지금 신호등 옆에서 근무하는 교통경찰은 앞으로는 교통 제어소에서 컴퓨터로 교통 상황을 체크하는 일을 하는 기술자나 교통 전담 경찰공무원 같은 식으로 바뀔 수 있을 것이다. 또한 기술력을 가진 몇몇 담당자 외에는 큰 필요가 없기 때문에 교통을 담당하는 경찰청 소속 공무원 수도 크게 줄어들 것으로 보인다.

사서

　대학병원이나 유명한 종합병원에 가면 천장에 기찻길 같은 레일이 깔려 있고 그 위로 쇼핑센터의 카트를 닮은 조그만 수레들이 오가는 모습을 쉽게 볼 수 있다. 이 수레에는 각 과에서 진료받기 위해 접수한 환자들의 진료 기록이 실려 있다. 예전에는 아르바이트생이나 직원이 간호사에게서 접수 기록을 받아 의무 기록실에서 찾은 후 다시 해당 과로 직접 가서 전해주곤 했다.

　그런데 요즘은 단순한 기록물의 전달에 사람을 투입하는 것이 낭비라는 생각이 보편적이다. 따라서 자료가 필요한 사람이 병원 내에서 공유 컴퓨터에 원하는 자료를 신청하면 자료를 담당하는 부서에서 실시간으로 자료를 찾아 궤도열차 같은 수레를 이용해 필요한 과로

128　청소년이 꼭 알아야 할 2030 뜨는 직업 지는 직업

배달하고 있다. 이런 시스템은 병원에서뿐만 아니라 대학 도서관이나 많은 사람들이 사용하는 시립도서관 같은 곳에서도 곧 도입될 것으로 보인다.

모든 책에 위치를 검색할 수 있는 칩을 붙인 후 반납기에 넣으면 자동 분류되어 제자리를 찾아가도록 배달하는 수레도 멀지 않은 미래에 등장할 것으로 보인다. 그러면 현재 사서의 주요한 일 중 하

반납한 책을 정리하는 사서

나인 책을 찾아 주고 대출 수속을 밟아 주는 것 같은 단순한 업무가 기계화 되어 많은 인력이 감축될 전망이다.

도서관 대출 반납 시스템이 자동화 되면 사서는 책을 찾아 가져다 주거나 반납을 도와 주고 책을 제자리에 꽂는 단순 업무를 더 이상 할 필요가 없게 된다. 따라서 미래의 도서관에서 사서는 장차 필요한 도서를 구입하고 수집하는 일, 책에 대한 문의나 상담, 도서관의 다양한 프로그램 진행 등을 하는 관리자 형태로 진화할 것이다.

초·중·고등학교 선생님

학교 선생님은 지식의 전달이라는 측면에서 보면 교수라는 직업과 같은 과정을 거쳐 성격이 변하는 직업이 될 수 있다. 그런데 아직 인격이 완전히 형성되지 않은 고등학교 이하의 학생들은 학교에서 지식뿐만 아니라 사회성과 인류사회에 필요한 가치 등을 배워 가는 과정에 있으므로 인공지능 컴퓨터의 도움만으로 현재 학교에서 배우는 모든 것을 충족시킬 수 없다.

따라서 초등학교부터 고등학교까지의 교육기관에서는 이런 것을 연마할 수 있도록 각종 상담은 물론 삶의 선배로서의 조언 등을 학생들과 공유할 수 있는 심리상담교사의 역할이 강화된 교과과정이 생길 것이다. 또한 학생들이 지식이나 사회성을 받아들이는 능력에 따라 지금보다 훨씬 다양한 형태의 맞춤형 교육 서비스도 등장할 것으로 보인다. 이럴 경우 각 교육기관은 통합된 과정으로 운영될 가능성이 있고 선생님은 이런 맞춤형 교육을 기획하고 서비스하는 교육 코디네이터로서의 역할을 수행할 것으로 보인다.

게다가 미래 학교 교육은 첨단 기기들을 이용한 스마트 교육으로 이루어질 수도 있으므로 각 학교 선생님은 이러한 변화에 발맞춰 끊임없이 재교육을 받아야 될 수도 있다. 또한 인터넷과 인공지능 컴퓨터를 이용한 홈스쿨링이나 원격 교육도 이루어질 수 있을 것이다.

건설 현장 노동자

산업혁명이 일어나자 단순하고 위험한 업무는 사람 대신 기계로 대체됨으로써 한때 노동자들은 기계 파괴 운동인 러다이트 운동을 벌인 적이 있었다. 하지만 결과적으로는 기계를 사용함으로써 노동 현장에서의 위험은 줄고 일의 효율은 높아졌다.

최근 우리나라에서는 세계 최초로 사람이 타서 움직이는 거대 로봇을 발명했다. 조만간 상용화가 가능하다고 하므로 앞으로 위험한 노동 현장에는 로봇만 투입하거나 사람이 탄 거대 로봇이 사용될 것이다. 그러면 사람은 로봇 조작을 하거나 제어하는 기사가 될 것이고 건설 현장 노동자는 점차 로봇으로 대체될 것이다.

은행원

요즘 모든 은행에는 자동화 기기가 있다. 창구에서 은행 직원이 맡았던 단순 현금 인출이나 계좌 이체 등의 업무는 대부분의 사람이 자동화 기기를 이용하고 있다. 현재 은행 직원은 대출 상담이나 비밀 번호 변경, 각종 금융 서비스 신청 등의 업무를 주로 보고 있다. 그런 데 알파고와 같이 쌍방향 소통이 가능한 인공지능 사이보그가 있다면 현재 은행에서 이루어지는 비교적 단순한 사무 역시 로봇 은행원이 맡을 확률이 높다. 특히 무장 강도 등에 대비하는 청원경찰처럼 위험 이 따르는 일은 경찰로봇이 담당하게 될 것이다. 그렇게 되면 인간은 로봇을 제어·관리하거나 보다 중요한 투자 상담 등의 업무를 보게 될 것이다.

동시통역사

구글 등 검색 엔진들이 번역 서비스를 제공하고 있지만 각 나라의 문화가 다르고 언어 체계가 다르다 보니 '단어 대 단어'의 글자 대체 수준을 면치 못했다. 최근에는 그나마 최소한 뜻이 통하는 단계에 이른 것으로 보여 점차 번역 기술이 발전하고 있음을 알 수 있다.

스스로 정보들을 비교하고 판단하는 인공지능 컴퓨터가 발달해 번역을 맡는다면 고급스런 문장을 찾거나 복잡한 문장을 각 나라의 어법에 맞게 번역하는 작업이 충분히 가능해질 것으로 보인다. 따라서 기억력과 정보처리 능력의 한계를 지닌 인간 동시통역사는 인공지능 컴퓨터로 대체될 가능성이 크다.

비행기 승무원,
택시 및 버스 운전사

프랑스 에어버스사에서는 승무원 없이 완전히 자동으로 운행되는 비행기를 시험비행하고 있다. 시험비행이 성공적으로 끝나면 실제 항공 서비스에 승무원 없는 비행기가 투입될 전망이다. 이 시험비행이 완벽한 성공으로 끝나면 우리 생활에는 어떤 변화가 찾아올까?

우선 비행기 승무원이라는 직업이 위협받을 수 있다. 3D프린터로 다양한 조리법의 음식들을 순식간에 복사해 내는 실험은 거듭할수록 만족할 만한 결과에 가까워지며 지금도 계속 진행중이다.

장차 무인비행기가 일상적인 항공편이 되는 시대가 된다면 조리기계에 설치된 버튼 하나만 누르면 자판기 커피처럼 바로 선택한 음식이 제공되는 기계가 비행기에 장착될 가능성이 크다. 따라서 현재

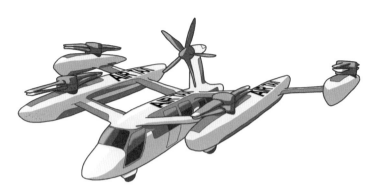

우버의 하늘을 나는 택시

승무원이 주로 하는 업무인 식사와 음료수 서비스 등은 모두 기계로 대체될 것으로 보인다.

장거리 여행에는 이런 무인비행기를 타면 되지만 비행기를 타기엔 애매하고 차로 운전해 가기엔 너무 먼 거리는 어떻게 하면 좋을까? 이런 문제에 대한 해답을 우버가 내놓았다. 캘리포니아에서 무인택시 시험주행을 마친 우버는 애리조나에 사업부를 두고 무인택시 서비스를 제공할 예정이라고 한다. 우버에서 가까운 시일에 상용화 서비스에 성공하지 못한다고 하더라도 무인택시에 이어 무인버스도 운행할 날이 결국은 오게 될 것이다.

차량 공유업체 우버는 하늘을 나는 택시와 감정을 읽는 시계를 개발해 10년 내에 상용화 할 계획이라고 한다. 또 구글, 삼성전자, 테슬라, 퀄컴 등도 맞춤형 옷을 만드는 인공지능, 사람의 감정을 읽는 기기, 몸에 대는 것만으로도 질병을 진단해 내는 의료기기 등의 기술을 개발하고 있다고 한다. 이런 신문 기사들을 종합해 보면 공상과학

영화에서만 볼 수 있던 기술들을 곧 우리의 일상생활에서 자연스럽게 볼 수 있을 것으로 예상된다.

교통수단이 무인 체제로 움직이는 시대가 오면 음주 운전이나 졸음 운전 등으로 문제를 일으키던 택시 및 버스기사들이 갈 곳 없게 된다. 위험한 업무 환경과 격무는 차차 기계들이 대체하게 되고 이 분야에 속하는 직업이 사라지게 될 것이다. 대신 인간은 보다 고차원적이고 쾌적한 환경의 노동 현장에 투입되리라고 본다.

필자 역시 기계가 인간의 모든 일을 빼앗지는 않을까 하는 우려를 하지만 혹시 혼란이 오더라도 러다이트 운동[1] 때처럼 직업의 전환이 이루어지는 최소한의 시기에만 나타나는 현상이 될 것이라고 믿는다. 새로 등장한 기계가 제대로 작동하는지 점검하거나 모니터링을 맡아야 할 직원에 대한 수요가 폭발적으로 늘어나게 될 것이 틀림없기 때문이다.

---

1 19세기 영국의 섬유 노동자들은 기계가 등장하자 일자리를 잃어버렸다. 그들은 빵 한 개를 겨우 살 정도로 낮은 임금으로 착취당하고 있었지만 자본가와 결탁한 영국 정부가 단체교섭을 금지하는 법을 제정했기 때문에 단체의 힘으로 교섭할 수 있는 기회조차 차단당하고 만다. 그러자 노동자들은 노팅엄셔 · 요크셔 · 랭커셔를 중심으로 자본가에게 빌려 사용하던 기계를 파괴함으로써 자본가의 착취에 맞서 계급투쟁을 하였는데 이를 러다이트 또는 기계 파괴 운동이라고 부른다.

11 사라지거나 성격이 변할 직업

영양사

영양사는 음식에 포함된 영양분을 계산해서 필수 영양을 골고루 섭취할 수 있도록 식단을 짜는 사람이다. 그런데 이런 계산은 인공지능이 사람보다 능하다. 따라서 영양식 계산 프로그램이 제공된다면 영양사를 찾는 곳은 점차 줄어들 것이다.

하지만 사람에게는 손맛이라는 것이 있다. 게다가 영양분만이 문제가 아니라 어떤 음식을 활용해서 더욱 즐겁게 식사를 할 수 있는지 인간만이 이해할 수 있는 면이 있다. 따라서 영양사는 조리사 자격증을 가지거나 특수 분야에서 여러 능력을 겸비하여 기계나 인공지능이 따라할 수 없는 고급 인력으로 정예화 될 것이다.

체스기사, 바둑기사, 프로게이머

단순한 계산 기능에서 시작되었던 인공지능의 역사는 지속적으로 인간의 두뇌에 도전장을 던지고 그 대결에서 패배한 후 원인을 파악하여 재도전해 온 역사라고 할 수 있다. 이렇게 끊임없이 도전에 도전을 거듭했지만 지난해까지만 해도 인공지능이 도전할 수 있는 분야는 단순한 계산과 데이터를 연결하는 기능 정도라고 생각하는 것이 일반적이었다.

1990년대 말, IBM은 엄청난 속도로 계산하는 슈퍼컴퓨터와 딥러닝을 동시에 적용한 알고리즘을 개발해 딥블루라는 프로그램을 만들었다. 딥러닝은 자신이 가진 지식(데이터)을 연결해 새로이 제기된 문제를 해결하는 인공지능의 '학습을 통한 문제해결능력'을 말한다. 그

인공지능이 발달하면 사라질 프로게이머

들은 1996년, '인공지능이 인간을 상대로 고도의 사고를 요하는 체스를 둘 수 있을 까'라는 문제에 대한 해답을 얻기 위해 1985년~1993년까지 체스 세계 챔피언 타이틀을 가지고 있던 가리 카스파로프(Garry Kasparov)에게 도전장을 내밀었다. 딥블루는 두 번째 경기 이후 비기다가 마지막 두 경기에서 가리 카스파로프에게 내리 패배했지만 그래도 첫 경기에서 승리하는 쾌거를 이루었다.

사람들은 인공지능이 사람을 이길 수는 없다고 좋아했으나 1997년 다시 경기를 했을 때 카스파로프는 마지막 경기에서 경기를 포기해 버렸다. 컴퓨터는 계산하는 속도가 인간과는 비교가 되지 않게 빠르기 때문에 사람들은 이 당시만 해도 컴퓨터가 단순히 모든 경우의 수를 다 계산해 보고 그 중에서 승률이 가장 높은 것을 택함으로써 경기를 훌륭히 치른 것이라고 안이하게 생각했다. 따라서 경우의 수가 체스와는 비교도 되지 않을 정도로 많은 바둑에서만큼은 인공지능이 절대로 인간을 이길 수 없다는 게 공통적인 사람들의 의견이었다.

하지만 2016년 구글에서 개발한 인공지능 '알파고'에게 세계 최고 바둑 고수 중의 하나로 정평이 난 이세돌 9단이 패배함으로써 이제는 인공지능이 모든 영역에서 인간과 동등하거나 인간을 앞지를 수 있다는 생각을 가지게 되었다. 여기에서 그치지 않고 인공지능은 시나리오를 쓰고 영화를 만듦으로써 인간의 신성 영역으로 여겨 왔던 창작 분야까지 넘볼 수 있다는 불안감이 팽배하게 되었다.

2016년 우리나라에서는 인공지능 작곡 프로그램 '보이드'가 작곡한 음악이 선을 보였고, 구글의 인공지능 화가 '딥드림'이 그린 추상화들이 약 1억 1600만 원에 팔리는 등 인간이 인공지능에 뒤질 것이라는 불안감은 벌써 현실로 나타나고 있다.

 정보 도우미

로봇 3원칙

미래사회의 변화를 반영하여 2017년 1월 12일 브뤼셀에서 열린 유럽연합(EU) 의회에서는 인공지능(A.I.)을 비롯해 다양한 형태의 로봇에 관한 법을 마련하기 위한 결의안을 채택하기로 논의했다고 한다. 로봇 시민법 결의안은 로봇을 '전자 인간'으로 규정하고 인류 사상 처음으로 로봇의 의무와 권리를 규정하기로 했는데 그 근간이 된 것은 물리학 박사이며 공상과학 소설가인 아이작 아시모프가 단편 〈런어라운드(Runaround)〉에서 처음 제시했던 로봇 3원칙이다.

① 제1 원칙: 로봇은 인간에게 해를 끼쳐서는 안 되며, 위험에 처해 있는 인간을 방관해서도 안 된다.
② 제2 원칙: 제1 원칙에 위배되지 않는 한 로봇은 인간의 명령에 반드시 복종해야만 한다.
③ 제3 원칙: 제1 원칙, 제2 원칙에 위배되지 않는 한 로봇은 자기 자신을 보호해야만 한다.

이 원칙은 그의 소설 전반에서 로봇이 지켜야 할 법률로 나온다. 인간 사회에 법이 있어도 범죄자가 나타나듯이 로봇 3원칙이 있음에도 규칙을 어기는 로봇이 나오지 않으리라는 보장은 없다. 하지만 이 원칙마저 없다면 물리적으로나 지능적으로 인간보다 우수한 알파고 같은 사이보그들이 인간을 가만히 놔둘 리가 없을 것이다. 어쨌든 인공지능으로 모든 경우의 수가 다 계산된 시점에서 프로 기사나 체스 챔피언 등이 의미를 잃게 될 것은 불 보듯 뻔하다.

귀금속 가공사

아직은 사람들의 섬세한 손기술을 따라가지 못해서 보석 가공 프로그램은 정해진 각도로 보석을 깎아 내거나 연마하는 일만 전담하고 보석 디자인이나 세공하는 일은 사람이 전담하고 있다. 하지만 앞으로 보다 발전된 보석 디자인 및 세공 프로그램이 개발되면 정확도에서 큰 이점을 가진 기계가 맡게 될 것이다.

미래의 귀금속 가공사는 발전된 인공지능 컴퓨터 프로그램과 정교한 세공 기계를 이용하는 디자이너로서의 역할을 강화한 직업으로 환골탈태해야 할 것으로 보인다. 결국 기계가 할 수 없는 창의적인 영역에서 인간의 능력을 발휘해야 살아남게 될 것이다.

함께 생각해 보기

영국에서 시작된 산업혁명은 많은 노동자들의 일자리를 빼앗아 갔다. 그러나 시간이 흐르면서 일자리를 빼앗겼던 사람들은 다양한 기술의 발전으로 생긴 많은 새로운 노동 현장에 투입되었다. 문제는 그렇게 하는 데 무려 한 세기 가까운 시간이 걸렸다는 것이다.

그런데 기술 발전의 속도가 그때보다도 훨씬 빠른 현대에, 곧 사라질 직업들을 대체할 많은 새로운 일자리가 과연 필요한 짧은 시간 안에 만들어질 수 있을지가 의문이다. 더 심각한 것은 방적공장 하나에 적용된 신기술이 이렇게 심각한 부작용을 가져왔는데 한때 인공지능이 도전하지 못할 아성으로 불렸던 프로 바둑계까지 점령당한 지금 과연 기계로 대체된 빈 일자리의 공백을 효과적으로 메울 수 있는 방안이 존재하느냐는 것이다. 각국은 과학 발전에 매진하고 있지만 한편으로는 이런 사태를 걱정하고 있다. 특히 얼마 전에 타계한 세계적 물리학자 스티븐 호킹은 살아있는 동안 내내 인류가 무분별하게 인공지능 로봇을 개발하여 의존할 경우 큰 재앙이 인류에게 닥칠 것을 경고했다.

인공지능 로봇 개발에 앞장서고 있는 실리콘밸리 경영진들조차 인공지능 로봇이 초래할 최악의 실업난을 해결할 수 있는 방안을 찾을 것을 주장하고 있다. 전기자동차 테슬라의 대표 경영자 엘론 머스크는 인공지능 로봇으로 인해 직업을 잃을 수백만 노동자들에게 매년 기본소득을 지급해 그들의 삶을 영위하게 해줘야 한다고 주장했지만 이 역시 근본적인 해결책이 될 수는 없다.

JOB

여전히

존속할

직업

career growth

promotion

한의사

　각 나라와 민족마다 그 지방 특유의 전통적 방법을 통해 병을 고치는 사람들이 있는데 우리나라에도 오랫동안 환자들을 치료하는 의술이 있었다. 선조와 광해군 대에 걸쳐 어의를 맡았던 허준은 의서를 지으라는 선조의 특명으로 전통 민간 치료법과 그때까지의 의술을 집대성하여 집필하기 시작한다.

　정유재란으로 잠시 중단되었던 의서 집필은 광해군 2년인 1610년 동양의 의사들이라면 반드시 참고하는 25권 25책에 달하는, 방대한『동의보감』으로 완성되었다.

　정확한 진단을 위해 기계를 사용하고 외과적인 처치를 위해서는 해부를 통해 환부를 확인하는 서양 의사들과 달리 진맥이나 안색, 몸

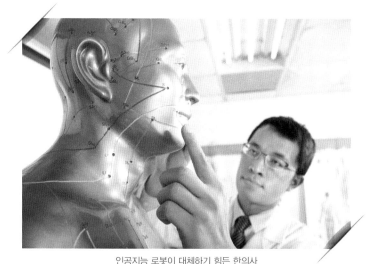
인공지능 로봇이 대체하기 힘든 한의사

에 나타난 증상을 보고 만져 보며 확인하는 것만으로 병을 진단하고 치료해야 하는 한방의를 인공지능 로봇이 대체하기 위해서는 많은 시일이 필요할 것으로 보인다.

경험과 종합적인 판단, 환자와의 소통이 전제가 된 한의사는 기계가 대체하지 못할 영역을 다루므로 적어도 50년 내에는 존속하거나 주가가 상승하는 직업이 될지 모른다.

맥박이 뛰는 세기와 간격, 특징 등을 분석해서 우리 몸의 내장기관과 전혀 관계없을 것처럼 보이는 부위에 침을 놓으면 신기하게도 그 내장기관에 변화가 일어난다는 사실이 실험 결과 밝혀졌다. 몸에 칼이나 기계를 쓰지 않고도 병을 고치는 한의사야말로 기계로 대체할 수 없는 능력을 지녔다고 하겠다.

한의사가 되는 길

근대 이전에는 한의사가 되려면 한의원에 견습생으로 들어가 스승이 시키는 온갖 힘든 심부름을 도맡아 하면서 어깨너머로 일을 배웠다. 그러다가 시간이 흐르면 스승이 조금씩 의학을 가르쳐 주는 도제식이었다. 약용식물 기르기와 구하기, 씻어서 말리고 썰기, 환자들의 치료 과정에서 나온 더러운 처치물 치우기 등이 모두 견습생의 몫이었다. 훈련 과정이 몹시 고되기는 하지만 도제식의 좋은 점은 대학에서 하루에 몇 시간씩 정해진 공부만 하는 학생들과는 비교할 수 없을 정도로 많은 것을 보고 익힐 수 있다는 것이다.

하지만 자격시험에 통과하여 허가를 받는 의료 체계가 생기면서 도제식으로 한의사 수업을 하려는 사람들은 점차 사라져 지금은 한의사가 되려면 거의 모든 사람이 한의학과가 개설된 대학에 입학해서 예과와 본과 과정을 모두 마쳐야만 의사로서 인정받을 수 있다.

과정을 마친 후에는 종합병원에서 1년의 일반 수련의 과정과 3년의 전문 수련의 과정을 거친 후 한의사 전문의 자격시험에 합격해야만 자격증을 얻을 수 있다. 물론 대학을 졸업한 후에 한의원을 개업하는 것도 가능하다. 그러나 요즘은 일반 한의과대학을 졸업한 것만으로는 환자들에게 한약을 지어 파는 정도의 인정만 받기가 쉬우므로 제도권에서 실시하는 자격과 과정을 모두 이수할수록 좋다는 것은 두말할 필요가 없다.

한의학과가 있는 대학

① 경희대 한의학과 http://kmc.khu.ac.kr
② 원광대 한의학과 http://come.wonkwang.ac.kr
③ 동국대 한의학과(경주캠퍼스) http://site.dongguk.ac.kr/wiz/user/orient
④ 동의대 한의학과 http://omc.deu.ac.kr
⑤ 가천대(경원캠퍼스) http://www.gachon.ac.kr/major/orientalmedicine

⑥ 대구한의대 http://omc.dhu.ac.kr

⑦ 대전대 한의학과 http://home.dju.ac.kr/medicine

⑧ 동신대 한의학과 http://dshani.dsu.ac.kr

⑨ 상지대 한의학과 http://www.sangji.ac.kr/medicine/index.action

⑩ 세명대 한의학과 http://smhani.semyung.ac.kr

⑪ 우석대 한의학과 http://www.woosuk.ac.kr

한의학과가 있는 대학원

대학을 졸업한 후에 한의사가 되고 싶은 사람도 원하는 직업을 가질 수 있는 길
이 있다. 부산대학교 대학원에서는 다른 과를 나온 학생들, 혹은 이와 같은 학
력을 인정받은 사람들[방송통신대학이나 학점 은행 등의 제도를 이용해 학사
학위를 받은 사람들] 중에서 한의학 교육 입문 시험(KEET)에 합격한 사람들이
나 MEET 등의 성적이 좋은 사람들을 한의학 전문 대학원에서 선발한다. 한의
학 전문 대학원에서 4년 동안 수업을 듣고 졸업하면 한의학 석사 학위가 주어
지고 한의사 면허시험을 볼 자격을 얻을 수 있다. 일단 면허시험을 볼 자격을
얻은 후 시험에 합격하면 한의사로 활동할 수 있다.

*자세한 것은 부산대학교 대학원(http://kmed.pusan.ac.kr) 홈페이지 참조

이제마의 사상의학

사람의 체질을 곧 태양(太陽)·태음(太陰)·소양(少陽)·소음(少陰)의 사상(四象)으로 나누고 자신이 속한 체질에 따라 치료 방법을 달리 적용해야 한다는 것이 사상의학이다. 폐가 크고 간이 작으면 태양인(肺大肝小者폐대간소자), 반대로 간이 크고 폐가 작은 대폐소자(肝大肺小者)는 태음인, 오장의 하나인 비장(spleen이 아니라 pancreas를 의미)이 크고 신장이 작으면 소양인(脾大腎小者비대신소자), 신장이 크고 비장이 작은 사람(腎大脾小者신대비소자)은 소음인으로 분류했다. 그러므로 겉으로 보기에는 똑같은 증상이라 할지라도 각자의 체질에 맞는 치료법을 써야 치료에 효과를 볼 수 있다는 학설이 바로 사상의학설이다.

사상의학 이론은 1894년 이제마(李濟馬)가 『동의수세보원(東醫壽世保元)』에서 처음으로 선보이게 된다. 1894년~1900년까지 이제마는 성명론(性命論)으로부터 태음인론(太陰人論)까지 증보하였지만, 태양인(太陽人) 이하 삼론(三論)은 미완성인 채로 생을 마감한다. 이제마의 사후 1년이 된 1901년, 그의 문인인 김영관, 송현수 등이 이제마가 완성하지 못한 부분을 보완하여 함흥군 율동계(栗洞契)에서 출판하였다.

보완 출판된 책에는 성명론(性命論)·사단론(四端論)·확충론(擴充論)·장부론(臟腑論)·의원론(醫源論)·광제설(廣濟說)·사상인변증론(四象人辯證論)뿐만 아니라 각 체질의 병증에 대한 각론까지 망라되어 있다. 성명론에서는 사상의학의 기본이 천(天)·인(人)·성(性)·명(命)의 네 가지 구조적 원리에서 시작되었다는 것을 설명하고 있다.

이제마가 확립한 독창적인 학문, 즉 사상의학은 그동안 주류 한의학에서 고려하지 않았던 사람에 대한 관찰을 중요하게 다루고 있다. 이는 현대의학이 사람의 성별, 나이, 체중, 체질, 집안의 병력, 기존 약물에 대한 부작용 반응 등 환자의 모든 것을 상세하게 기록하고 확인해서 사람마다 투약 양이나 약의 종류를 차별화하는 것과 비슷하다고 볼 수 있다.

수많은 사람을 오로지 네 가지 체질로 구분했다는 점에서 분류의 정확성에 대해 의문이 제기되고 있지만 사상의학은 우리나라 고유의 독창적인 의학 이론으로서 일찍이 19세기에 사람의 체질과 성격, 그 외의 환경 등을 종합적으로 진단에 참고했다는 사실만으로도 의미 있다. 이런 중요성으로 인해 오늘날에도 사상 체질에 대해 많은 연구가 진행되고 있다.

사상의학에 따른 체질별 특징

구분	태양인	소양인	태음인	소음인
체형	가슴 윗부분이 발달된 체형으로 목덜미가 굵고 건실하며 머리가 큰 반면, 허리 아래 부분이 약한 편이다.	가슴 부위가 잘 발달하여 어깨가 딱 벌어진 느낌을 주는 반면, 엉덩이 부위가 빈약하게 보인다.	허리 부위가 발달하여 서 있는 자세가 굳건하고 안정감 있어 보이나, 목덜미의 기세가 약하다.	엉덩이가 잘 발달하여 앉아 있는 모습이 안정감 있으나, 가슴 부위가 빈약하여 움츠리고 있는 느낌을 준다.
성격	과단성이 있고 창조적이다. 비교적 드문 체질로 강직하여 주위 사람들과 융화가 잘 안 되는 단점이 있다.	민첩하고 명쾌하며 발랄한 편이다. 성격이 비교적 날카로우며 급하고 화를 잘 내는 경향이 있다.	마음이 너그러우며 체격이 듬직하고 일을 꾸준히 추진한다. 자기 의사 표현을 잘 하지 않는다.	성격이 내성적이고 온순하며 섬세하여 산재주가 많다. 매사에 소극적이어서 우유부단한 단점이 있다.
건강한 상태	소변이 잘 나올 때	대변 소통이 순조로울 때	땀이 시원하게 나올 때	소화가 잘 될 때
질병	평소 가슴이 답답하고 토하기를 잘 한다. 하체와 허리가 약해 오래 걷거나 장기간 앉아 있기가 힘들다.	신장염, 방광염, 요도염이 잘 발생한다. 상체에 비해 하체가 약해 요통으로 고생하는 경우가 많다.	심장병, 고혈압, 중풍, 기관지염, 천식이나 감기가 잘 생기며 피부 질환과 대장 질환이 발생하기도 한다.	만성 소화불량, 위산과다, 복통이 흔히 발생하며 몸이 냉하며 손발이 차거나 허약한 체질이 되기 쉽다.

예술가

최근에 인공지능 컴퓨터가 시나리오를 쓰고 영상을 제작한 영화도 선을 보였다. 하지만 예술은 인간의 삶과 희로애락의 감정, 생명체로서의 작용, 인간관계의 갈등 등이 시청각적 신호로 그리고 사색의 결과를 문자 표현으로 나타나는 분야이다. 그러므로 인공지능 컴퓨터가 모든 경우의 수를 입력하고 패턴화 하여 재조합한 작품을 만들 수는 있지만 직·간접 체험을 전제로 하는 인간의 작품과 같은 감동을 줄지는 미지수이다. 인류 수만큼이나 많은 미세한 감정과 갈등을 그것도 살아 본 사람만이 공감할 수 있는 문제에 대한 깊은 성찰을 인공지능 컴퓨터가 대신하기는 어려울 것으로 보인다. 인간의 육체에 인공지능 두뇌를 이식한 경우 살아 있는 생체인 몸과의 상호작용으로 비슷한 활동을 할 수 있을 가능성은 있겠지만 예술을 인공지능 컴퓨터만으로 모두 대체할 가능성은 지금으로서는 상당히 낮아 보인다. 따라서 예술은 아직 충분히 투자가 가능한 분야라고 보겠다.

작가

글쓰기를 전문적으로 하는 사람들을 작가(글작가)라고 한다. 한국은 근대부터 글을 쓰는 전문가 집단이 나타났는데, 서양 문물이 전래되어 사회가 서구화되면서 이전의 '학자이자 글을 쓰는 사람들'의 주업이 '학자'와 '작가'로 세분화되면서 등장한 직업군이다.

이 직업군은 1900년 이후 일간지나 잡지 등을 간행하는 현대적 언론 기관이 생기고 이것들을 통해 작품 발표를 할 수 있는 일정한 자격 즉 등단 제도가 정착되면서 본격적인 활동을 하게 된다. 신춘문예나 각종 문예 출판사의 신인작가상 등을 통해 등단하는 관행은 오늘날까지 이어지고 있지만 요즘은 등단이라는 관문을 거치지 않아도 자신의 작품을 출판한 사람이면 모두 작가 군에 포함시키고 있다.

러시아의 대문호 톨스토이

문학에도 여러 장르가 있으므로 산문을 주로 쓰는 사람들은 소설가, 수필가, 아동문학가 등으로 세분된다. 또 영상 매체의 등장으로 시나리오 작가군이 고소득 인기 직종으로 추가되었으며 연극을 위한 문학 장르인 희곡 작가도 있다. 운문을 주로 쓰는 사람은 시인, 동시인(동시 작가), 시조 작가 등으로 불린다. 물론 이들이 다른 직업을 겸업하는 것도 가능하다. 따라서 한 사람이 최소한 두세 가지 직업을 가지게 될 미래에는 더욱 각광받는 직업이 될 수도 있겠다. 현재는 오로지 글쓰는 것만으로 생계를 잇는 전문가를 전업 작가라고 부른다.

작가가 되기 위한 준비

수영 선수가 되고 싶은 사람은 우선 물과 친해지고 물속에서 호흡하는 법, 팔과 다리를 젓는 법부터 배운다. 피겨스케이팅을 배우려면 스케이트 신발을 신고 얼음 위를 걷는 연습부터 하기 마련이다. 우리는 걷는다는 것을 의식하지 못하지만 첫걸음마를 준비하는 데만 1년이 넘게 걸렸듯이 모든 것은 기본기가 갖추어진 후에 하나씩 기술을 추가해 나가야 하는 것이다.

글쓰기 역시 하루아침에 되는 것은 아니다. 단어와 단어를 연결해 문장을 만들고 문장과 문장을 연결해 단락을 만들며 이 단락들이 모이면 하나의 작품이 되기 때문이다. 따라서 단어를 고르기 위한 어휘력부터 단어와 단어를 연결하는 문법, 그 문법에 맞춰 지은 문장들이 일정한 논리와 기획에 따라 산문이 되거나 운문이 된다. 이렇게 글쓰기를 직업으로 선택하기에 앞서 어휘력, 문장력, 문법 실력 등을 자신만의 논리와 기획력으로 꿰어 하고 싶은 이야기를 전하는 수단으로 삼는 법을 먼저 연마해야 한다. 또한 작가가 되기 위해서는 독서로 다져진 지성과 독창력 등이 차곡차곡 준비되어 있어야 한다.

미래에는 한 사람이 몇 가지 직업을 동시에 가지는 것이 점차 보편화 될 것이라는 사실을 이미 언급한 바 있다. 따라서 학생 때부터 글감을 찾아내고 문장 쓰는 훈련을 꾸준히 해야 한다. 어느 정도 실력을 갖추었을 때 작가로 등단할 수 있기 때문이다.

현재 우리나라의 경우, 각 신문사에서 매해 초에 실시하는 신춘문예 제도가 있고 문예지들은 각종 신인문학상 등을 제정해 작가 지망생들에게 작가로 등단할 수 있는 기회를 제공한다. 이 외에 각종 시나리오나 장르문학 공모를 통해 작가를 배출하는 기관도 많다. 요즘은 등단 제도만을 작가가 되는 관문으로 고집하지 않는다. 출판사에서 책을 발행한 사람은 일단 작가로서 등단한 것으로 간주하기 때문이다. 하지만 누구에게나 작가로서 인정받고 싶다면 공인된 등단 절차를 밟는 것이 바람직할 것이다.

그러나 미래에는 이런 관행이 사라질 전망이다. 모든 작가는 1인 출판이나 1인 미디어 등을 통해 곧장 독자와 소통할 수 있고 독자에게 인정받아 작품이 널리 알려지게 된 작가들이야말로 절차나 과정 등을 훈장처럼 내세우는 명목상의 작가가 아니라 독자 사이에서 사랑받는 진정한 작가라 할 수 있기 때문이다.

『칼의 노래』, 『남한산성』을 쓴 김훈이라는 작가는 원래 기자였는데 문학동네라는 출판사에서 『빗살무늬 토기의 추억』이라는 장편소설을 내면서 한국의 대표작가로 등단하게 된다. 물론 김훈은 기자 생활을 하면서 필력을 키워 왔고 독서 산문집 『내가 읽은 책과 세상』(1989), 『자전거여행』(2000) 등의 인문서적을 내서 이미 호평을 받은 작가였다는 사실을 기억할 필요가 있다.

⊘ 정보 도우미

어떻게 해야 글을 잘 쓸까?

소설의 플롯을 설명하기 위해 자주 거론되는 구스타프 플로베르라는 프랑스 작가가 있다. 그의 대표작은 『보바리 부인』인데 이 소설은 치밀한 기획과 사실적인 묘사, 생생한 등장인물들의 창조 등으로 인해 소설 작법을 연습할 때 교과서처럼 언급되곤 한다.

몰락한 귀족의 후손인 모파상은 어머니의 친구였던 루이 부이예에게 문학 수업을 받았다. 그의 재능을 알아본 부이예는 그를 다시 플로베르에게 소개해 주었다. 그러나 플로베르는 모파상을 흔쾌히 제자로서 이끌어 주지 않았다. 이에 조바심이 난 모파상이 그를 찾아갔을 때였다. 플로베르는 자신의 집에 찾아오기 위해 계단을 몇 개 올라왔는지 물었고 모파상은 대답하지 못했다. 결국 모파상은 제자로서의 후원을 약속받지 못한 채 돌아올 수밖에 없었다.

작가가 되기 위한 준비를 위해 이 이야기를 거론한 이유는 무엇일까? 정답은 "관찰력!"이다. 좋은 글을 쓰기 위해서는 세심하게 관찰해야 한다. 그리고 정치하게 묘사해야 한다. 또 완성된 글을 읽고 또 읽어 불필요한 군더더기를 제거해야 한다. 마지막으로 이렇게 정제된 글을 일정한 목적에 맞게 재구성하고 가공해야 한다. 이런 훈련에 가장 효과적이고 간편한 방법은 일기를 쓰는 것이다. 매일 자신이 보고 들은 것, 느낀 것을 묘사하고 정리하고 다듬는 습관을 들이면 그것을 기초로 다양한 장르의 글을 잘 쓸 수 있다.

화가(미술가)

인류는 그림과 오랜 세월을 함께했다. 인류의 문화 유적지에 남아 있는 예술 작품 중 가장 오래된 것 중의 하나가 바로 벽화일 것이다. 크로마뇽 동굴이나 라스코 동굴에 남아 있는 벽화는 사냥의 성공과 풍요를 기원하는 주술적인 의미도 있지만 인류가 오랜 세월 동안 예술을 사랑해 왔다는 사실 역시 증명한다. 인류는 노동을 위해서든 종교적인 의식이나 휴식을 위해서든 예술로 승화시켜 왔다.

이 사실을 최초로 후세가 확인할 수 있게 해 준 것은 미술이나 공예품이었다. 이미 먹을 것도 입을 것도 풍족한 인류는 과학이 발전하고 시간이 흐름에 따라 더욱더 예술 발전에 힘쓰고 있다. 큰 건물을 짓거나 단지를 조성할 때는 반드시 미술품을 전시하거나 조경을 해야

만 준공 허가가 나도록 건축법에 정하고 있다.

　원숭이와 코끼리는 색을 구별하고 좋아하는 색이 있으며 그림을 그린다는 의미에서 대견하기는 하지만 구상력이 없어 추상화만 그리는 게 특징이다. 코끼리 그림의 경우 신기한 것은 높은 쪽에는 하늘색을 칠했고 아래는 삼림과 비슷한 모양과 색을 구현하였다는 것이다. 사람도 코끼리 코처럼 팔목에 붓을 묶고 그림을 그렸을 때 이보다 더 잘 그리기 어렵다는 점을 생각하면 코끼리의 지능을 엿볼 수 있는 증거다.

　다음은 인공지능으로 불리는 구글 딥드림을 활용해 그림을 그리게 한 경우를 살펴보자. 딥드림은 기존 컴퓨터가 학습한 그림 데이터베이스를 이용해 고흐의 작품을 모사하는 훈련을 받고 실제 풍경이나 인물 사진을 주면 놀라울 정도로 고흐 화풍대로 그려 냈다. 표절을 즐기는 작가와 화가들이 남의 독특한 점을 몰래 훔쳐 자신의 색깔을 더

덕더덕 입히고 독창적인 자신의 작품이라고 하는 행태와 닮았다.

인공지능이 그린 그림은 어떤 특수한 정신세계가 있는 것도 아니고 독창성이 있는 것도 아니다. 단지 구상은 어느 작품을, 색채는 또 다른 작품을, 캐릭터는 다른 작품을 적당히 베껴 조합한 것이다. 그럼에도 정교한 점, 선, 면과 색채

그림 그리는 인공지능 로봇

가 어우러지자 환상적이고 일정한 미학적 효과까지 주고 있다.

인공지능의 발전이 어디까지일지 생각하면 소름 끼치지만 다행히 아직은 인간을 완전히 대체할 가능성은 없어 보인다. 축적된 데이터의 합성이 아니라 다른 이와 차별화되는 자신만의 세계를 구축할 수 있다는 점에서 아직 사람이 만드는 예술 관련 직업은 유효할 것으로 보인다.

모든 작품이 모든 인간에게 똑같은 감동을 주는 것은 아님에도 일정한 카타르시스를 주는 점만은 분명하다. 백남준처럼 비디오를 도구로 사용한 전위예술가가 보여주듯이 미적인 감각을 표현하는 방법은 시대가 달라짐에 따라 다양하게 진화하겠지만, 회화나 조각 등 시각적인 방법을 통해서 인간에게 카타르시스를 줄 수 있는 화가는 이런 인간의 속성 덕에 계속 존재할 수 있는 직업이라고 본다. 따라서 미술계에 데뷔 후 작품을 만들 때는 어떤 기법을 쓰든 상관없지만 화

가가 되기 위한 기본기를 수련하기 위해서는 그림을 그릴 줄 알아야 한다. 서양화를 위한 그림 연습은 사물의 모양을 정확하게 그려내는 구상화(具象畵)에서 시작하여 추상화(抽象畵) 연습으로 이행하게 된다.

원하는 작업이 구상화든 추상화든 기본적으로 연습생 시절에는 모든 것을 그릴 수 있어야 나중에 선택이 가능하다. 동양화의 경우 비교적 보이는 것을 정확히 표현하는 산수화에서조차 사물을 그대로 모사하는 것보다 저자의 시선과 '자신이 나타내려는 기조'라는 필터를 거쳐 1차적으로 관념화하는 작업이 선행되므로 구상화, 추상화의 구분을 굳이 하지 않는다. 비단이나 한지에 그림을 그리는 동양화나 민화의 경우도 마찬가지이다. 화가의 정신 세계에서 구상 세계가 관념화 된 경지를 이루어 화조나 산수 등으로 나타나기 때문이다. 요즘 서양화가 중에 동양화 기법을 빌려 추상화를 그리는 경우가 있지만 이런 작품은 서양화에 속한다고 할 수 있다.

▌화가가 되려면 어떻게 해야 할까?

독학으로 화가가 된 사람도 있지만 대개는 미술대학에 입학해서 공부하고 미술 공모전에 그림을 보내 상을 받으며 미술계에 데뷔한다. 사실, 독학으로 미술을 공부하는 것은 다른 교과 과목보다 훨씬 힘들다. 그만큼 노하우가 중요하기 때문이다. 그렇다고 독학이 불가능한 것은 아니다.

하지만 대부분은 입시 미술학원에 다니거나 개인지도를 받는다.

특히 입시 미술학원이 점점 많아지다 보니 학원 간 경쟁이 심해지고 있다. 각 학원은 살아남기 위해 대학 입시에 합격한 사람 수를 늘리기 위해 실기 시험 기출문제와 각 대학의 입학 전형들을 전문적으로 분석하고 지도에 반영하고 있다. 따라서 입시 미술학원에 다니지 않은 사람들은 사실상 점점 합격할 확률이 떨어지고 있다. 최근에는 내신 성적을 보는 대학도 많아져 공부도 관리하면서 미술학원에 다닐 것을 권한다. 최소 대학 입시 전 1년은 입시 전문 미술학원에 다닐 것을 권유한다.

그렇다고 꼭 미술대학에 진학해야만 화가가 되는 것은 아니다. 각 대학교에는 미술대학이 아니라도 평생교육원이나 미술 동호회가 있는데 여기서 화가들을 경제적인 비용으로 초빙해 지도를 받을 수 있다. 그림을 열심히 그려 어느 정도 실력이 쌓이면 이런저런 공모전에 출품해 보자. 만일 공모전에서 상을 받게 되면 공인된 화가로서 활동할 수 있다.

정보 도우미

공모전에 대해 알아볼 수 있는 인터넷 사이트
• 한국미술협회 홈페이지 : http://www.kfaa.or.kr
• 서울미술협회 홈페이지 : http://www.sfa.or.kr

작곡가

▎작곡가가 하는 일은 무엇일까?

작곡가라는 말은 일반인과 상당히 거리가 있는 듯하다. '작곡가!'라고 할 때마다 베토벤이나 모차르트, 차이코프스키 같은 위대한 고전 음악의 거장이 떠오르기 때문이다.

오늘날 우리는 영상 문화에 익숙해져 있다. 아침 드라마로 하루를 시작하는 주부도 있고 주말에 여행을 가거나 영화관을 많이 찾기도 한다. 그런데 드라마나 영화를 구성하는 요소로서는 영상미와 스토리가 우선인 듯하지만 실험을 하나 해 보자. 드라마나 영화를 볼 때 음악을 제거하고 대사만 흘러나오게 하는 것이다. 음악과 음향효과가 모두 제거된 상태에서 다시 드라마나 영화를 보면 갑자기 밋밋하게 느껴질 것이다. 그제야 우리에게 감동을 주었던 드라마나 영화가 웅장하거나 혹은 낭만적인 분위기를 느끼게 해 준 것이 음악이나 음향 효과였다는 사실을 알 수 있다. 공포영화를 볼 때 나오는 음향효과는 어떤가? 스릴 넘치는 긴박한 음향이나 음악이 갑자기 꺼져 버린다면 큰 공포를 느끼지 않게 된다.

이렇게 음악과 음향 효과를 계산해서 작곡하고 감독하는 것이 작곡가들이 하는 일이다. 드라마나 영화뿐만이 아니다. 뉴스나 애니메이션, 우리가 흥얼거리는 유행가도 모두 작곡가의 손을 거쳐야 완성도 있는 작품이 된다. 시계에서 흘러나오는 알람 소리도, 휴대전화 벨소리와 게임에서 나오는 음향까지 작곡가의 손이 닿지 않는 곳은 거의 없다. 따라서 일거리도 굉장히 많은 편이다.

정당하게 저작권만 인정받는다면 창작에 대한 욕구와 생계 문제를 동시에 해결할 수 있는 좋은 직업이다. 음악과 창작을 사랑하는 청소년들이 작곡 분야에 많이 진출해서 우리나라에서도 억대 연봉의 작곡가가 많이 양산되면 작곡 한류를 일으킬 날도 멀지 않다고 본다.

▌작곡가가 되기 위한 준비

작곡은 크게 종교음악과 실용음악, 클래식으로 분류하는데 자신이 활동하고 싶은 분야를 잘 생각해 보고 각 대학교 음대 작곡과 중에서 자신이 활동하려는 분야의 과정이 개설된 학교를 선택하면 된다. 클래식으로 유명한 대학으로는 이화여자대학교, 서울대학교, 연세대학교, 중앙대학교, 경희대학교, 한양대학교, 명지대학교, 가천대학교(옛날 경원대) 등이 있다. 실용음악을 공부할 수 있는 대학 중 4년제로는 국민대학교, 상명대학교(뉴미디어 학과), 동덕여대 작곡과 등이 있고 2년제 전문대학으로는 서울예대가 가장 유명하다. 명지전문대, 동아방송대, 호원대, 백석예대 등도 실용음악 작곡을 배우기에 좋은 학교들이다.

수도권 대학의 작곡과에 가려면 웬만한 음악대학교 피아노과에 합격할 수 있을 정도로 피아노를 잘 쳐야 한다. 음대 입시에서 피아노 연주는 거의 필수적으로 들어간다. 또 작곡 수업을 제대로 알아듣기 위해서는 기초화성학과 시창 청음을 반드시 공부해야 한다. 그리고 작곡의 기본 정도는 학습하고 가야 수업을 따라갈 수 있다.

이 모든 준비를 학교에서 직접 할 수 있으려면 서울예고나 선화예고, 계원예고 등의 예술 고등학교에 진학해야 하는데 이 학교들의 입시에 시달리다 보면 나중에 대학에 진학해서도 입시에 지쳐 전공을 포기하는 학생이 많다. 게다가 중·고등학교 입시 레슨비, 학비, 학교에서 담당 선생님들에게 내는 레슨비 등이 많이 들 수 있다.

그러나 인문계 고등학교를 졸업하고도 아주 단기간에 열심히 공부해서 작곡과에 합격한 학생들이 있고 또 예술 고등학교 출신보다 결코 떨어지지 않는 실력을 갖춘 경우도 있다. 인문 고등학교에 진학한 학생이라도 작곡과에 진학하고 싶다면 하루라도 빨리 준비하라고 조언하고 싶다. 만일 집안이 경제적으로 어렵다면 각 도나 재단 등등에서 '꿈나무' 음악교실, 무료 레슨 등을 추진하고 있으니 이용해 보는 것도 바람직하다.

이런 프로그램만으로 음대 진학을 하기는 어렵지만 참여하다 보면 정보력이 생기고 보다 저렴한 가격으로 꿈을 이룰 수 있는 길이 열리게 되어 있다. "구하라 그러면 얻을 것이요, 두드려라 그러면 열릴 것이다." 예수님이 한 이 말은 기독교 신자들이 아니라도 귀 기울일 만한 경구임에는 틀림없다.

입시에 성공해서 작곡과에 간 학생은 대학에서 열심히 공부하면서 각종 콩쿠르, 공모전에 작품을 내서 인정받으면 작곡가로서 활동하는 길이 더 빨리 열린다. 하지만 클래식 작곡의 경우 교수가 되거나 학원이나 개인 레슨 선생님이 되는 길 외에 클래식 작곡만을 해서 생계를 해결하는 길은 거의 없으니 신중하기를 바란다.

대중가요나 영화음악 작곡의 경우 반드시 작곡과를 졸업해야 하는 것은 아니나 역시 기본적인 음악 이론을 익힌 후에 작곡으로 유명한 스튜디오 등에 취직해서 경력을 쌓아 작곡가로 데뷔하는 방법도 있다.

한편 작곡을 도와주는 피날레(Finale), 큐베이스(Qbase) 등의 컴퓨터 프로그램이 있다. 악보 입력서부터 배경음악까지 이 프로그램으로 다 만들 수 있다. 이렇게 만든 악보를 모듈(module)이라고 부르는 가상 악기와 연결시켜 들어 보면 실제 연주할 때 들을 수 있는 악기 소리로 재생해 준다. 이런 기능 모두를 한꺼번에 해결할 수 있는 장비가 있는데 그것을 올인원 신디사이저라고 부른다.

이런 장비를 활용하여 드라마나 영화음악 작곡가가 될 수도 있

컴퓨터 프로그램을 이용한 작곡

다. 그러면 방송국에 취직할 수 있고 수요가 많은 게임 음악이나 음향
효과 등을 다루는 음악감독이 될 수도 있다. 요즘은 웹툰에도 음악을
삽입하는 경우가 많으므로 작곡을 전공해서 갈 수 있는 길은 다양하
다. 또한 독창성과 사람이 살아온 경험 등이 음악에 녹아들기 마련이
라 과학이 아무리 발달해도 인간에게 꼭 맞는 음악, 인간의 감성에 호
소하는 음악 작곡은 인공지능 컴퓨터와 겨루어도 큰 이점을 가진다.

요리사

불과 20년 전만 해도 대부분의 가정에서는 주부들이 가족을 위해 요리했다. 하지만 요즘은 외식이 많아져 다양한 종류의 전문 요리사들이 인기를 끌고 있다. 한편 라면처럼 규격화 된 인스턴트식품조차도 끓이는 사람에 따라 손맛이 다르다. 개인의 취향과 지역적 특색 등이 큰 변수를 이루는 와인이나 요리 분야에서 인스턴트식품처럼 규격화 된 맛을 내는 제품이 갈수록 더 많이 나오겠지만 여전히 손맛에 따라 요리법과 맛은 달라질 것이다. 한마디로 이 분야 역시 기계가 흉내 내기 어려운 분야이다. 미세한 손맛을 요구하는 요리사는 앞으로도 인기 있는 직종으로 남을 것으로 예측된다.

요리사가 되는 길은 정식 요리사 자격시험에 합격하는 방법이 가장 빠른 길이다. 국제적으로 활동하고 싶은 사람은 프랑스 등지의 유명한 요리 전문학교에 가서 배우거나 기드 미슐랭(Guide Michelin)의 별점을 받은 레스토랑 등에서 도제식으로 훈련하고 인정받아 독립할 수도 있다.

기드 미슐랭(Guide Michelin)은 무엇인가?

1895년 공기주입식 타이어를 발명한 앙드레 미슐랭(Andre Michelin)은 특허를 내고 자신의 이름인 미슐랭이라는 타이어 회사를 설립한 후 자동차용 지도와 여행 안내서를 출간했는데 이것이 바로 기드 미슐랭의 시작이다. '기드'란 프랑스어로 가이드, 안내자를 뜻한다. 이 책자에는 각 나라에서 갈 만한 호텔, 레스토랑 등이 안내되어 있다.

미슐랭이 이 잡지를 발행한 원래 목적은 자동차를 이용한 여행 산업을 발전시킴으로써 자신의 타이어 산업에 시너지 효과를 창출하기 위해서였다. 1900년 『레드가이드(red guide)』란 이름으로 발간된 이 안내서는 프랑스 내에 있는 대부분의 호텔과 음식점을 알파벳순으로 정리해 고급 호텔에서 조그만 식당까지 모든 상점을 '편리함, 제공되는 서비스의 안락함'을 기준으로 평가해 놓았다. 여기에는 수영장, 정원, 테니스 코트, 냉난방 장치까지 포함되어 있고 고급 음식뿐 아니라 저렴한 가격의 음식도 목록에 있다. 평가는 별 개수로 표시했는데 기드 미슐랭에서 별을 세 개 받은 곳은 전 세계에서 '특별한 여행을 할 가치가 있는 곳'으로 공인된다.

지휘자

지휘자란
어떤 직업인가?

　　　　　한 사람이 활동하기 위해서는 혼자 깊이 생각하고 계획한 대로 움직이면 된다. 그러나 만일 단체가 활동하게 된다면 어떨까? 많은 사람들이 일사불란하게 움직이면서 개개인의 목적이 최대한 이루어지고 서로 부대낌에서 오는 피해는 최소한이 되도록 조율이 필요하다. 이러한 조율을 위해 대표가 선출된다.

　　그런데 그 사람들의 활동이 악기 연주라면 어떨 것인가. 그들이 선출할 대표자는 음악을 잘 알고 하나의 악기가 아니라 많은 악기의 연주 및 음색에 대해 조예가 깊으며 또한 악보도 훌륭하게 해독할 수

여러 악기의 성공적인 연주를 이끌어 내는 지휘자

있어야 한다. 이렇게 여러 가지 악기가 모여 하나의 음악을 연주할 때 어떻게 하면 가장 조화롭고 아름답게 각각의 악기가 가진 음악적인 장점을 최대한 살릴지 연구하여 성공적인 연주를 이끌어내는 것이 지휘자의 일이다.

고전적으로 지휘자는 대개 작곡가들이 맡았지만 정명훈처럼 피아니스트 같은 연주자인 경우도 있다. 요즘은 대학 내에 지휘과가 따로 개설되어 있기도 하다. 똑같은 악보로 연주하지만 지휘자가 누구냐에 따라 연주는 크게 차별화된다. 똑같은 나라지만 지도자가 바뀌는 순간 그 나라의 정치, 외교, 사회 등이 모두 영향을 받는 것과 비슷한 현상이다.

정명훈은 카라얀의 카리스마와 아무도 흉내 내지 못할 섬세함을 지닌 지휘자이다. 피아니스트가 되려는 그에게 영향을 끼친 것은 시애틀로 이민 가서 만난 스승 제이콥슨이었다고 한다. 제이콥슨은 피아니스트가 되기보다 훌륭한 음악인이 된다는 조건으로 정명훈을 제자로 받아들였고 피아노만이 아니라 다른 모든 악기들을 다루도록 이끌었기 때문이다.

지휘자는 헤르베르트 폰 카라얀(1908~1989)처럼 단원들을 사로잡아 엄격하게 악보를 해석하고 이끌어가는 카리스마 넘치는 스타일이 있는 반면 레너드 번스타인(1918~1990)처럼 단원 개개인과 소통하고 존중하는 스타일이 있다고 한다.

어떤 사람의 방식을 따르든 문제는 지휘자가 단원들에게 통솔력을 발휘해야 한다는 것이다. 그리고 가장 큰 통솔력은 의사소통 능력과 음악에 대한 실력이 될 것이다. 각 악기의 특징과 그들이 연주하는 곡에서 각각의 악기들이 맡은 역할에 대한 해석, 소리의 강약, 박자 등을 해석해 서로 조화를 이루도록 하는 것이다.

따라서 지휘자가 사라지는 순간 개개인으로 보면 모두 뛰어난 연주를 하는 연주자들의 악기 소리는 서로 다른 스타일, 서로 다른 곡 해석으로 인해 불협화음이 될 확률이 높다. 뛰어난 개개 연주를 하나의 조화로운 음악으로 거듭나게 하는 힘, 이것이야말로 지휘자의 존재 이유이다.

지휘자가 되기 위해 필요한 과정

학부 과정에서 지휘자를 양성하고 있는 한국의 고등교육기관으로는 한국예술종합학교, 서울대학교, 한양대학교가 있다. 다른 음악대학의 경우 지휘 과정이 있기는 하지만 대학원에 개설되어 있다. 한국예술종합학교의 경우 지휘과가 독립된 형태로 존재하지만 서울대학교는 작곡과 안에 포함된 형태이고 한양대학교는 관현악과 소속이다.

앞서 지휘자가 하는 일을 되새겨 본다면 작곡가가 되기 위해 가장 먼저 쌓아야 할 지식은 작곡가들의 곡을 해석할 수 있는 능력을 길러주는 음악 분석, 음악의 근간이 되는 화성학과 이론, 시창·청음 및 총보독법, 건반 화성 등이 있다.

총보독법이란 바이올린, 비올라에서부터 티파니까지 오케스트라의 모든 악기들이 연주해야 할 악보를 피아노곡으로 편곡해 놓은 악보를 읽고 연주할 줄 아는 훈련을 하는 것이다. 우선 다른 작곡과 학생들이 준비해야 하는 과목을 다 준비해야 하고 총보독법을 추가로 학습하면 시험 칠 준비는 끝나게 된다. 서울대학교의 경우 학교 성적을 많이 반영하니 내신 성적 관리에도 힘써야겠다.

연주자

　　연주자는 피아노, 바이올린, 첼로 등 각 악기로 음악을 연주할 수 있는 숙련된 예술가를 일컫는다. 요즘은 거의 누구나 피아노 학원에 다니고 더러는 바이올린 등을 배우기도 하지만 그저 소리를 내는 정도에 머문다면 연주자라 할 수 없고 악기가 가진 특징을 가장 잘 살려 같은 악보를 보고 연주하더라도 청중의 감동을 이끌어낼 수 있는 실력이 있어야 한다.

　　같은 악보를 보고 연주하더라도 음악은 연주자 수만큼 창조된다고 해도 과언이 아니다. 살아온 경험이 다르고 그것을 해석하고 표현하는 방식이 다 제각각이기 때문이다. 과학 발달로 실제 악기와 똑같은 소리를 재현할 수 있는 프로그램을 완성한다 하더라도 개개인의 해석과 경험에서 나오는 개성 있는 소리를 재현하기는 어려울 전망이다.

현재 영화음악 작곡가의 경우 미디어 툴을 이용해 가상 악기로 작곡하지만 그 가상 악기에 입력된 소리들은 유명 오케스트라나 연주자의 연주를 녹음한 뒤 그것을 사들여 입력한 것이다. 또 실황 연주를 할 때 연주자와 청취자 사이에 존재하는 감동의 폭을 컴퓨터 프로그램이 대신할 수는 없는 노릇이므로 앞으로도 악기 연주자는 여전히 예술 분야의 직업군으로 살아남을 전망이다.

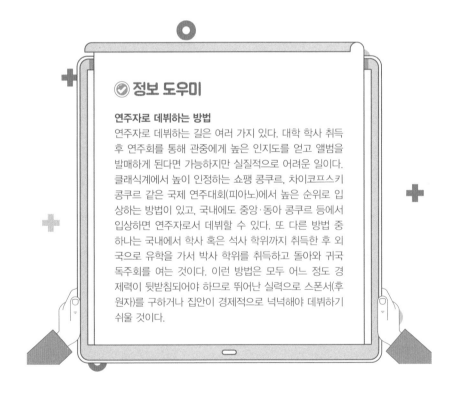

정보 도우미

연주자로 데뷔하는 방법

연주자로 데뷔하는 길은 여러 가지 있다. 대학 학사 취득 후 연주회를 통해 관중에게 높은 인지도를 얻고 앨범을 발매하게 된다면 가능하지만 실질적으로 어려운 일이다. 클래식계에서 높이 인정하는 쇼팽 콩쿠르, 차이코프스키 콩쿠르 같은 국제 연주대회(피아노)에서 높은 순위로 입상하는 방법이 있고, 국내에도 중앙·동아 콩쿠르 등에서 입상하면 연주자로서 데뷔할 수 있다. 또 다른 방법 중 하나는 국내에서 학사 혹은 석사 학위까지 취득한 후 외국으로 유학을 가서 박사 학위를 취득하고 돌아와 귀국 독주회를 여는 것이다. 이런 방법은 모두 어느 정도 경제력이 뒷받침되어야 하므로 뛰어난 실력으로 스폰서(후원자)를 구하거나 집안이 경제적으로 넉넉해야 데뷔하기 쉬울 것이다.

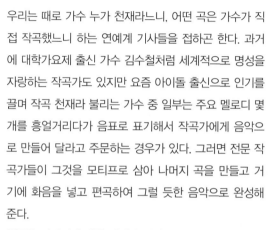

우리는 때로 가수 누가 천재라느니, 어떤 곡은 가수가 직접 작곡했느니 하는 연예계 기사들을 접하곤 한다. 과거에 대학가요제 출신 가수 김수철처럼 세계적으로 명성을 자랑하는 작곡가도 있지만 요즘 아이돌 출신으로 인기를 끌며 작곡 천재라 불리는 가수 중 일부는 주요 멜로디 몇 개를 흥얼거리다가 음표로 표기해서 작곡가에게 음악으로 만들어 달라고 주문하는 경우가 있다. 그러면 전문 작곡가들이 그것을 모티프로 삼아 나머지 곡을 만들고 거기에 화음을 넣고 편곡하여 그럴 듯한 음악으로 완성해 준다.

한국은 저작권에 대한 인식이 상대적으로 낮아 다른 사람의 곡이나 작품을 돈 주고 사서 자신의 이름으로 내거나 표절하고도 알리지 않는 풍조가 만연해 있고 부인하는 예가 많다. 따라서 창작을 위해 고생하는 작곡가들은 적은 돈을 받고 저작권을 넘긴 후 곡이 발표되었을 때 이름도 알리지 못하는 경우가 대부분이다.

형사

　인간의 심리에 능통해야 하고 로봇 3원칙 등의 제약을 받지 않는, 존엄성을 최고 수준으로 보장받는 지위에 있으며 각계각층에 대한 연락과 공조가 자유로울 것. 이런 조건이 붙는 직업이라면 제아무리 인공지능이라도 그 아성에 도전할 수 없을 것이다. 형사가 바로 그런 직업이다. 그러나 범죄자들은 온갖 과학 기기를 동원해 활동하는데 형사가 원시적으로 직접 발로 뛰면서 그들과 대적할 수는 없을 것이다. 따라서 형사도 온갖 정보를 바로 검색하고 사용할 수 있으며 필요할 때는 강력한 힘으로 도와줄 보조자가 필요하다.

　현재는 우리나라나 외국이나 거의 팀을 이루어 최소한 두 명 이상이 움직이는 것이 형사들의 기본 규칙이다. 그런데 앞으로는 이 팀

원 제도에 가장 중요한 역할을 맡을 새로운 조직원이 추가될 전망이다. 바로 A.I. 형사이다. 가까운 미래에 범죄자 검거나 수사에는 A.I. 형사가 필수적인 동료가 될 전망이다.

아직은 A.I. 형사가 컴퓨터와 마찬가지로 통계를 내거나 필요한 데이터를 추출하는 단순하면서도 방대한 작업을 돕고 있지만 사건 추론을 한다든가 용의자를 구별해 내기 위한 아이디어를 내는 것은 물론 프로파일러의 일, 잠복근무를 하다가 용의자를 검거하는 일 등도 점차 소화할 수 있을 것이다.

방대한 자료를 검토하는 일에서부터 사람이 투입되기 어렵고 위험한 현장의 범인 검거에 이르기까지 담당 형사 한 사람당 A.I. 형사 한둘이 파트너로 배정되어 공조수사를 하는 날이 머지않아 올 것이라고 본다.

에필로그

앞에서 우리는 미래에 떠오를 직업을 살펴보고 그 직업을 선택할 수 있는 시점이 왔을 때 청소년 여러분이 바로 전문가로서 투입될 수 있는 준비를 하도록 예측하는 시간을 가졌다. 영국 같은 선진국 자료와 우리나라의 현실, 과학기술의 발달 정도, 사회 변화 등을 종합적으로 고려하여 조심스럽게 많은 직업들을 분석·평가하고 지금부터 준비해 두어야 할 미래의 직업을 생각해 본 것이다.

무엇보다도 미래에는 빅데이터와 가상현실 등이 삶의 전반을 지배하게 되리라는 전망이 우세하므로 여러분은 끊임없이 축적되는 많은 자료를 어떻게 하면 자신의 것으로 만들어 미래의 삶을 윤택하게 할지 생각하고 필요한 실력을 쌓으면 좋을 것이다. 아울러 인류뿐만이 아니라 우주의 모든 생명이 최대의 행복을 누리기 위해서 청소년 여러분의 정보력과 능력이 우리 문명에 남아 있는 야만적인 부분들을 보다 개선해 나갈 수 있으리라고 생각한다. 이런 바람은 보다 나은 미래를 위해 청소년이 선택할 직업은 무엇일까 예측하고 준비하도록 책을 쓰게 한 직접적인 원인이 되었다.

하지만 모든 예측이 현실화되는 것은 아니다. 미처 생각지도 못했던 변수가 지금까지 우리가 해왔던 예측을 무색하게 할 수도 있다.

이런 경우에도 대부분의 예측이 빗나가게 된다기보다 위에서 언급한 직업들 중 몇 가지에만 해당되는 변화가 올 것으로 추측된다. 공상과학 영화에서처럼 제3차 세계대전이라도 일어나서 인류의 모든 문명이 파괴되고 다시 석기시대로 돌아간다면 모든 예측이 다 뒤엎어지겠지만 말이다.

이제까지 첨단과학이 지배하는 사회를 배경으로 온갖 신기한 직업 이야기를 다해 놓고 나서 이런 이야기를 하면 의아하게 생각할지도 모르지만 반드시 여러분에게 당부하고 싶은 것이 있다. 첫 번째는 기초과학에 대한 이해를 넓혀야 한다는 것이다. 컴퓨터가 처음으로 작업에 활용되었던 1980년대, 지금과는 성능이 비교될 수 없을 정도로 조악하면서도 가격은 상상을 초월했던 컴퓨터를 살 때였다. 저렴하게 사기 위해 저자는 용산에서 부품을 사다가 직접 컴퓨터를 조립하고 소프트웨어를 설치해서 사용했다. 따라서 컴퓨터 성능이 눈부시게 발전한 지금도 컴퓨터에 문제가 생기면 기계 안을 들여다볼 용기가 생긴다. 컴퓨터의 경우 개발 당시나 지금이나 기본적인 구조가 거의 같기 때문에 가능한 일이다. 하지만 조립 제품을 사용할 수 있는 가능성이 거의 없는 스마트폰의 경우 무슨 문제가 생기면 난감하기 짝이 없다. 문제가 발생한 스마트폰은 수리기사 없이는 무용지물이다.

자동차만 해도 그렇다. 처음 우리나라에 자체 개발한 중대형 자동차가 선보이던 시절 운전면허시험에는 정비에 대한 내용도 있었다. 웬만한 운전학원에서는 바퀴를 직접 간다든가 엔진에 문제가 생겼을 경우 긴급 대응 방법을 다 가르쳤다. 그런데 모든 것이 자동화 된 요즘 자동차에 문제가 생기면 감히 점검할 생각을 못한다. 또 처음 가는 장소에 내비게이션 없이 지도 한 장을 들고 가거나 도로의 표지판을 보며 다녀올 용기가 나지 않는다. 또 스마트폰의 메모리 기능이 좋아질수록 지인들의 전화번호를 외는 것조차 어려워졌다.

과학 발전이, 아니 기계나 인공지능 컴퓨터 등이 인간을 지배하도록 방치하거나 인간이 그것의 도움 없이는 아무것도 할 수 없는 시대가 오도록 놔두면 안 된다는 것이다. 뇌는 영리한 기관이라고 한다. 저장 장치의 발달로 인해 꼭 머릿속에 기억할 필요가 없는 경우에는 저장하지 않으려고 한단다. 저장 장치의 발달은 우리의 기억력이 갈수록 감퇴되는 원인 중 하나라고도 할 수 있다.

뇌는 또 아주 소심한 기관이기도 하다. 자신이 한 일이 성공하고 칭찬을 받으면 뉴런이 연결되지만 그 반대의 경우에는 연결이 토막토막 끊겨 지능이 오르지 못한다고 한다. 그래서 자라나는 청소년에게는(가능하면 누구에게나, 칭찬은 고래도 춤추게 한다고 하지 않던가?) 칭찬을 많이 해주어야 하는 것이다.

지금부터 청소년 여러분은 적어도 30년 후를 위해 매일매일 스스로 달성 가능한 목표를 설정해서 열심히 이루어 나가기 바란다. 비록 조그만 성과라 누가 크게 칭찬하지 않을지라도 스스로를 열심히 칭찬해 주는 건 어떨까.

우리는 늘 인류가 처음 도구를 사용하기 시작한 이유, 과학을 연구하고 발달시킨 이유에 대해 깊이 생각해 볼 필요가 있다. 인류는 끊임없이 일의 효율을 높이기 위해, 보다 더 나은 삶을 누리기 위해 도구를 발전시켜 왔다. 인류를 지배하는 과학은 큰 의미가 없다. 과학 발전이 대다수 사람들의 삶을 윤택하게 하지 못하고 실직자를 양산하며 최상위 계층에 존재하는 극소수에게만 복지를 제공한다면 과학의 발전 방향을 재설정해야 하는 것은 아닐까 깊이 고민해야 한다. 그래서 자라나는 세대가 과학기술 사회를 인류 전체가 상생하는 방향으로 발전시켜 주면 좋겠다.

국제의료관광 코디네이터가 주요한 직업으로 부상하고 각 국가 간의 상호 의료 서비스 체계의 이용률이 높아질수록 소위 의료 후진국으로 분류되는 국가의 의료 체계는 자국의 경제력 있는 소비자들로부터도 외면을 받아 점점 낙후될 위험이 크다. 그 결과 돈이 있는 사람은 해외에서 보다 발전된 기술의 의료진을 활용할 수 있지만 가난한 계층은 후퇴한 자국의 의료 체계를 이용해야 하므로 오히려 큰 불이익을 당할 수도 있다. 의료 서비스 분야에 있어서도 빈익빈 부익부 현상이 심화될 수 있다는 뜻이다. 이를 해결하기 위한 대안을 제시하라.

한때 자본주의를 민주주의와 동일시하고 전체주의를 공산주의와 동일시하던 때가 있었다. 자본주의 국가에서는 보통선거가 실시되고 인권에 대한 보장이 강조되고 있었으며, 공산주의 국가에서는 국가가 국민에게 경제적으로 필요한 것을 배급하는 대신 자유로운 사상을 표현할 수 없었기 때문이다. 하지만 자본주의 국가나 공산주의 국가가 모두 큰 모순을 안고 있었다. 민주주의 국가에서는 무조건적인 자유를 보장하는 대신 자신의 능력대로 경제활동을 하는 데 제한을 두지 않았고 가난한 사람들은 스스로의 힘으로 가난에서 탈출해야 했다. 공산주의 국가에서는 자신의 능력에 따른 경제력을 인정하지 않아 열심히 일한 사람의 몫을 놀고먹는 사람들을 먹여 살리기 위한 배급으로 나눠 주다 보니 생산의 욕과 능력이 떨어지게 되어 결국 공산주의의 몰락을 가져오게 되었다.

그러나 자본주의 국가에서는 빈익빈 부익부 현상 때문에 가난한 사람이 아파

도 병원 치료를 받을 수 없는 등 국민이 주권자라고 주장하는 체제에서 오히려 기초 인권조차 평등하게 누리기가 힘들어졌으므로 사회주의 국가들처럼 국가가 가난한 사람들에게 일정한 경제적, 사회적 지원을 하는 수정자본주의로 나아갔다.

한편 공산주의의 종주국이던 러시아는 공산주의를 포기했으며 중국은 정치적으로는 아직도 공산당이 건재하지만 경제적으로는 자본주의 국가나 다름없이 인민들이 비교적 자유로운 경제 활동을 하고 있다. 세계에서 가장 폐쇄적인 국가인 북한에서도 지금은 자본주의 시장과 똑같은 형태의 장마당이 북한 경제를 이끌어 간다고 한다. 양 진영은 서로의 결점을 보완해 가면서 처음 사상가들이 주장하던 형태와는 아주 다른 형태로 운영되고 있다. 결국 미래 사회는 공산주의도 자본주의도 아닌 수정자본주의 혹은 수정공산주의 형태의 성격을 지닌 사회로 발전할 가능성이 높다.

정치학자인 액튼 경은 절대적인 권력의 부패 가능성을 염려(모든 권력은 부패한다. 절대적인 권력은 절대적으로 부패한다.)하면서 서로 다른 체제가 대립하는 곳의 체제는 비슷한 형태로 수렴한다고 지적했다. 실제로 이런 모습을 보여주는 예가 있는데 바로 부탄이라는 나라이다. 부탄은 현대사회에서 드문 왕정국가이다. 이 국가는 중국이라는 공산 체제와 인도라는 자본주의 체제 사이에 위치하고 있다. 왕이 통치하기 때문에 국가 경제의 근간이 되는 사업은 아무리 재력가라고 해도 함부로 영향력을 행사하지 못한다. 부탄에서 병원은 모두 국가가 경영하고 의사들 역시 국가의 장학금을 받아 면허를 따고 월급을 받는 공무원들일 뿐이다.

의사들은 대부분의 민주주의 국가의 의사처럼 지나친 자부심을 가지고 고압적으로 사람을 대하지도 않고 큰돈을 남기기 위해 쓸데없는 추가 진료나 검사를 하면서 비용을 청구하지도 않는다. 물론 돈 많은 사람은 비싼 등록금을 지불해야 하는 사립학교에 갈 수도 있고 외국에 유학 갔다 와서 개인병원을 차릴 수도 있다. 그러나 대부분의 인재를 국가에서 길러내는 시스템이 확실하게 체계를 잡고 있기 때문에 모든 국민은 무료로 양질의 의료 서비스를 받을 수 있다.

나는 부탄의 의료 체계는 대부분의 나라가 나아가야 할 미래 의료 체계의 표본
이라고 생각한다. 물론 노르딕 3국으로 불리는 노르웨이, 네덜란드, 덴마크 같
은 국가들의 의료 체계도 사회보장의 훌륭한 예가 될 수 있지만 국가에서 의학
분야의 인재를 키우고 그 이상의 서비스는 돈 액수에 제한을 받지 않는 부유한
사람들이 선택할 수 있는 추가 시스템으로 운영하는 것이 더욱 바람직하다고
생각한다.

사회의 한 분야만 획기적으로 달라질 수는 없다. 사회제도는 서로 직·간접적
으로 얽혀 있어 한 분야에서만 완전히 새로운 체계가 성공하기는 어렵기 때문
이다. 따라서 이런 미래 제도를 운영하기 위해서는 먼저 교육 개혁과 사회보장
제도의 개혁이 이루어져야 한다.

공공의료 혜택을 위해 소수의 정예 의과대학을 남기고 국가가 운영하며 의료
시스템 역시 허가 받은 몇 군데를 제외하고는 국가가 공정하고 비리 없이 운
영해야 한다. 그러면 자신에게 부과된 세금을 성실히 낸 국민은 누구든 언제든
돈 걱정 없이 양질의 의료 서비스를 받을 수 있는 사회가 될 것이다. 소수의 엘
리트 의료 인력을 양성하는 사설기관과 의료기관을 허용하고 해외 원정 진료
를 허용함으로써 공공에서 제공하는 것 이상의 질 높은 서비스를 원하는 사람
들의 요구도 동시에 충족할 수 있게 될 것이다.

**대량 생산된 장기나 신체 부위와 연관 지어 인간의 정체성에 대해 논술
하라.**

신체발부는 수지부모(身體髮膚受之父母)라. 이는 『효경』에서 공자가 효란 무엇
인가에 대해 가르치면서 한 말이다. 또 성서에 보면 몸은 하느님을 섬기는 성
전이니 소중히 하라는 말이 나온다. 성경이야 그렇다 쳐도 부모님께 받은 그
몸을 소중히 하려다 보면 망가졌을 때 공장에서 기계 부품처럼 갈아치우는 것
이 올바른 일인가에 대해 잠시 생각하게 된다. 인간은 육체와 정신의 결합으로

비로소 하나의 완성된 생명체가 된다.

그런데 이 영육이 결합된 몸에서 신체 각부를 모두 새로운 다른 것으로 갈아치운다면 그 사람은 하나의 이름 아래 인격을 인정받았던 바로 그 사람과 동일인이라고 할 수 있을까? 영화 『검은 사제들』, 『엑소시스트』에서는 악마에게 영혼을 빼앗긴 소녀들이 등장한다. 사제들은 악마에게 사로잡힌 그 소녀에게 물리적 폭력을 휘두르기도 하고 십자가를 들이대면서 소녀의 몸에서 당장 나가라고 협박하기도 한다. 그 몸에 머물고 있는 영혼과 신체의 일체성을 인정할 수 없기 때문이다. 그렇다면 영혼은 동일해 보이는데 신체가 모두 공장에서 생산한 것으로 바뀐다면 그건 동일인일까?

우리나라 법에서는 사망할 때 심정지설을 따르고 있다. 즉 신체 기관이 기능을 멈추어 심장이 정지하면 죽은 것, 즉 신체에 머물던 영혼의 존재마저 없는 것으로 간주한다는 뜻이다. 어떻게 보면 육체에 정신이 종속되어 있다는 육체 중심주의에 가깝다고 할 수도 있다.

경제력 차이로 인한 의료적 혜택의 불평등이 가져올 수명의 불평등을 해결할 방안에 대해 논술하라.

한때 '무전 유죄, 유전 무죄'라는 말이 유행했다. 돈이 있는 사람은 소위 전관예우를 받는 능력 있는 변호사를 고용해서 무죄 판결을 받아 지은 죄에서 자유로워진다는 것을 빗댄 말이다. 이는 사회적 불평등의 한 예로 오랫동안 회자되었다.

돈으로 장기를 사고파는 것이 일반화 되더라도 이는 생명공학, 유전공학, 의학, 경제학이 모두 융합된 분야의 상품이라 의료보험을 적용해도 서비스 가격이 비쌀 것임에 틀림없다. 이는 수명의 불평등을 가져오게 될 것이다. 지금도 가난한 사람들은 병원 치료를 받을 돈이 없어 요절하거나 불구의 몸이 되는 일이 잦다. 그렇게 야기된 수명의 차이는 불과 몇 년에서 십여 년 정도에 불과하다. 하지만 장차 비싼 장기 맞춤 수술이라는 의료 서비스가 상용화 된다면 빈익빈

부익부 현상은 수명에서도 나타나게 된다. 가까운 장래에 인간의 평균수명이 150세까지 늘게 될 것이라는 전망을 생각해 본다면 장차 빈익빈 부익부 현상으로 인한 수명 차이는 한 세기 이상이 될 수도 있다. 이는 디스토피아적인 상상을 불러일으킨다. 가난한 철이가 무작정 떠나는 『은하철도의 밤』이 주는 절망감 말이다. 기계 몸을 가진 영생하는 인간들이 유한한 수명을 가진 인간의 삶을 착취하는 미래 말이다.

인간의 수명 연장은 모든 사람에게 행복이 될 것인가 불행이 될 것인가? 미래 사회가 디스토피아가 되지 않기 위해 생명 연장이 가져올 수 있는 사회적인 제반 문제들에 대해 예측해 보고 해결 방안을 제시하라.

원인을 해결하면 그 원인이 초래한 결과는 사라지게 되어 있으므로 여기서는 노년이 길어지면서 동반되는 다양한 노화성 질병 문제에 대한 해결책을 돌아보기로 한다. 삶의 질이 떨어진다면 수명 연장은 가난과 질병으로 고통 받는 기간이 늘어난다는 것을 의미할 뿐이다. OECD 통계 자료에 의하면 2003년 이후 지금까지 한국은 OECD 국가 중에서 가장 자살률이 높다.

노인 자살의 주원인은 경제적 궁핍과 질병으로 인한 고통이다. 이는 과학 발달이 쟁취한 수명 연장의 혜택을 스스로 포기함으로써 사회적으로 투자한 엄청난 비용도 일정 부분 함께 사장되는 결과를 초래한다. 국민 없이는 나라도 존재할 수 없다. 이런 의미에서 국가적인 차원으로 볼 때 국민 개개인도 자산이라고 할 수 있다. 따라서 국가는 국민의 건강과 삶의 질에 대해 책임질 의무가 있다.

현대 선진국에서는 사회복지제도를 보다 더 나은 방향으로 개선하려는 노력을 국가 정책 수립시 가장 비중 높은 사안 중 하나로 다루고 있다. 세계에서 가장 복지 정책이 완벽하다고 인정받는 북유럽 3국 즉 노르웨이, 핀란드, 네덜란드는 1951년부터 '연대임금제'라는 제도를 운영하고 있는데 부실기업이든 대기업

이든 동일하게 급여가 상승하는 제도이다. 즉 사람들이 능력이나 직장 차이로 인해 일한 시간에 대해 받는 보상이 천지 차이를 보이는 우리나라와 달리 누구든 그 나라의 국민이면 기본적인 생활을 보장받는다는 뜻이다. 또 실직을 당하면 실업 보조금을 받으면서 무료로 노동자 취업 지원 교육을 받는다.

우리나라에도 이와 비슷한 제도는 있지만 보장 기간과 금액에서 큰 차이가 난다. 스웨덴의 경우 정부에서 이 부담을 전적으로 맡는 것이 아니라 공공직업 안내소와 노동자총연맹, 사용자 연합이 협의해서 운영해 나가고 있기 때문에 탄탄한 재정 기반을 가지고 운영되고 있는 것이다.

우리나라의 경우 노르딕 3국의 복지 정책을 따라가는 데 많은 시간이 필요할 것이다. 그렇다면 노르딕 3국의 복지 정책은 고칠 데가 전혀 없을까. 그렇지는 않다. 사람들이 바라는 가장 완벽한 사회보장제도란 굳이 직업을 찾지 않아도 생계 걱정을 하지 않는 것이겠지만 아무도 일을 하지 않는다면 국가가 국민에게 제공하는 경제적 자원 또한 지속할 수가 없다. 결국 사회보장제도는 정반합의 원리에 의해 끊임없이 보완을 거듭하게 될 것이다.

사람이 혐오하는 노동을 자동화하고 이들을 A.I.를 통해 제어하게 한 후 인간은 적성에 따라 창조적이고 생산적인 일에 종사할 수 있게 하는 제도가 궁극적인 미래사회의 완성 형태가 될 것이라고 생각한다. 또한 인간이 선호하는 일과 창조적인 일, 인류의 삶에 관계되는 중요한 결정은 A.I.가 내릴 수 없도록 그들의 사용범위를 엄격하게 제한해야 한다.

최근에 MIT공대에서 실험을 위해 사고, 살인 같은 반사회적 데이터를 A.I.에게 입력시켰더니 A.I.가 사람을 죽이고 싶다고 말했다고 한다. 또 세계를 인질로 잡아 통치하고 싶다는 말을 한 A.I.도 있다. 공상과학 영화에 나오는 디스토피아가 실현될 확률을 무시할 수 없게 된 것이다. 천체물리학자 고 스티븐 호킹은 더 이상의 A.I. 개발을 반대했지만 기계를 활용해 모든 생산이 자동화 된 사회를 이룩하기 위해 꼭 필요하다면 인간의 명령에 거역할 수 없도록 컴퓨터 프로그램과 제어장치를 확실하게 마련하는 것을 전제조건으로 개발해야 할 것이다.

또 앞에서 언급한 시민들간 경제력 차이 문제가 해결된다면 사실 수명연장의 효과가 경제력과 관계없이 이루어질 여건이 마련된 것이나 다름없다. 그러나 그런 사회가 도래하기 전까지 사람들은 수없이 많은 시행착오를 겪게 될 것이고 그러는 동안에도 사람들은 태어나 살아가고 있을 것이다. 따라서 완벽한 경제적 평등 사회가 오기 전까지는 제도적인 장치로 이런 불평등을 해소해야 한다. 수명연장의 혜택을 누릴 수 없는 빈곤 계층은 대개 성년이 되지 않아 제대로 된 직업을 가질 수 없거나 결손가정 출신이거나 학력이 없어 육체노동에 종사해야 하는 계층, 또 정년퇴직을 해서 더 이상 경제적인 수입이 없어진 노년 계층이다. 이런 계층이 사라진다면 의료 혜택의 불평등도 해소될 수 있다. 결손가정과 고급 직업군에 속하지 못해 저임금과 사고 위험에 노출된 사람들의 경우 앞서 말한 노르딕 3국의 복지정책을 도입하고 발전시켜 나가면 상당 부분이 해소된다.

지금까지의 데이터를 종합해 보건대 평균수명은 갈수록 연장될 것이 틀림없다. 이런 사회에 맞는 사회제도의 재정비가 필요하고 점점 변화에 가속도가 붙는 요즘, 언제든 오류를 시정할 수 있도록 제도 수정을 융통성 있게 시행하는 장치가 필요하다. 수명이 연장된 만큼 정년도 상향 조정되어야 하고 정년 후에도 종사할 수 있는 일자리를 창출해 내야 한다. 그러면 경제적 평등과 긴 수명을 모든 사람이 향유할 수 있는 사회가 보다 빨리 도래할 수 있을 것이다.

요즘은 인터넷에서 제공하는 정보만으로도 무제한의 지식을 얻을 수 있다. 그동안 사람들에게 지식의 전수를 담당해 왔던 교육제도를 계속 유지해야 할 것인가. 만약 유지해야 한다면 그 이유는 무엇인지 약술하라.

『카르마』라는 청소년 공상과학 소설이 있다. 이 소설은 미래 사회에서 벌어질 수 있는 여러 가지 문제 상황을 제시하고 있는데 그 중에는 학교가 사라진 암울함도 다루고 있다. 소설에서 보여준 디스토피아는 바로 학교가 지식을 전달

하는 장소라고 간주함으로써 초래된 것이다. 모든 정보의 습득이 인터넷으로 가능해진 사회의 아이들은 집에서 학습한다. 그리고 사회성을 키우기 위해 집단적으로 함께 할 과제를 받으려고 아주 가끔 형태만 남은 학교에 가는데 평소에 타인과 어울려 살아가는 법을 배우지 못한 아이들 사이에서는 갈등과 사고가 끊이지 않는다.

이 소설은 과학적 상상력으로 창작되었지만 우리에게 교육제도의 존재 이유에 대해 생각하도록 해 준다. 여러 가지 부작용을 제대로 해결하지는 못했지만 그래도 우리나라의 경우 교육은 최소한 전인적 인격을 닦는 것이라고 여겨왔다. 그러나 세계열강들이 조선을 침략한 19세기 말에서 20세기 초에 급격한 산업화가 되면서 지식을 전달하는 서구식 학교가 곳곳에 세워지게 된다. 이때부터 학교는 지식을 쌓고 미래를 위한 스펙을 쌓는 곳으로 간주되기 시작했다. 그래서인지 시간이 갈수록 학교폭력과 그로 인한 학생들의 자살 소식이 끊이지 않고 있다. 최근에는 학교에 상주하는 경찰을 두는 등 제도적으로 보완하고 있기는 하지만 부작용은 사라질 줄을 모른다.

학교폭력 문제나 청소년 범죄의 배경에는 타인의 권리와 생명을 존중할 줄 모르고 나만 잘 살면 된다는 사고가 도사리고 있다. 이는 물의를 일으킨 학생의 가정이나 사회가 좇는 가치가 청소년에게 지대한 영향을 준 까닭이다. 학교나 가정이 거의 인성교육을 위해서는 특별한 투자를 하지 않는다는 뜻이다. 모순적으로 가장 먼저 희생자가 되는 사람은 타인을 배려하는 인성교육을 받은 사람들이다. 이런 상태가 개선되지 않는다면 학교보다는 인터넷 교육을 더 잘 받을 수 있는 가정에서 공부하는 것이 훨씬 안전하고 효율적이라고 볼 수 있다.

그러나 『카르마』에도 나타나듯이 학교에서 가르치는 것은 지식뿐만이 아니라 사회적응 능력이다. 집을 떠나지 않고 지식만을 쌓는다면 사회를 이루어 함께 살아나가는 방법을 효율적으로 배울 수 없다. 앞으로 교육부는 인성을 중요한 연구계발 과제로 삼아 집중적으로 분석해서 적용해야 한다. 학교에 가서는 지식을 전수받는 것도 좋지만 그보다 가치 있는, 사회에서 어우러져 살아가기 위한 좋은 품성을 기르는 일에 투자해야 한다. 봉사했다는 증명서를 가져와 점수

화하는 것이 아니라 학교에서 직접 봉사와 희생하는 실습 과정을 교과로 중요하게 배정해야 한다고 생각한다. 봉사 점수의 조작이 문제가 된 것은 어제오늘의 일이 아니기 때문이다. 이런 기능을 강화한 학교는 인간이 사회적 동물이기 때문에 꼭 필요하다고 생각한다.

전쟁에 군사로봇을 사용하는 것이 인간의 존엄성을 지키는 일인지에 대해 고찰하고 자신의 생각을 논술하라.

예전에 전쟁은 병사와 병사가 싸우는 백병전이 주를 이루었으나 현대의 전쟁은 상대국의 군사시설을 무력화하거나 군대의 보급을 끊는 등 가능하면 백병전이 일어나기 전에 화력의 우월함으로 상대의 전쟁 의지를 꺾어 항복을 받아내는 방향으로 진화하고 있다. 그러나 시설 폭파를 위해 설치하는 폭탄이나 폭탄을 싣고 가는 수송수단 등은 여전히 사람이 관여해야 했다. 또 병사들이 화기를 가지고 가서 직접 백병전을 벌이는 것은 전쟁이 무르익었을 무렵에는 어느 전장에서나 일어나는 일이다. 이때 가장 위험한 현장 임무를 사람이 아니라 기계가 대신한다면 귀한 인명을 보호할 수 있으므로 발전시켜 온 것이 군사로봇 산업이다. 요즘은 인간보다 막대한 데이터를 보유하고 쉽게 파괴되지 않는 몸체에 장착한 A.I.두뇌를 가진 로봇까지 개발되어 이제 전쟁은 로봇들이 대리전을 치르는 양상을 띨지도 모른다.

그러나 A.I.를 두뇌로 장착한 로봇을 개발하는 비용은 부존자원을 팔아 힘겹게 살아가는 후진국의 1년 예산과 맞먹을 정도로 막대하다. 결국 군사로봇을 사용할 수 있는 나라는 몇몇 선진국에 제한된다. 따라서 이들이 나쁜 마음을 먹는다면 1, 2차 세계대전 당시 부존자원을 가진 아시아, 아프리카의 여러 나라를 막강한 화력으로 유럽과 미국이 식민지화 했듯이 새로운 식민지들이 생겨나 가장 강력하고 많은 로봇화기를 가진 국가에 인류의 운명을 맡겨야 하는 사태가 오게 될지 모른다. 하지만 강한 로봇 군단을 무기 삼아 침략을 받는다고 해

서 단 한 번의 전투도 없이 국권과 국민을 통째로 바치는 나라는 없을 것이다. 결국 선진국과 후진국이 전쟁을 하게 된다면 선진국의 로봇 군단이 후진국의 인간 군대를 전멸시키는 무자비한 사태가 벌어지게 될 것은 불을 보듯 훤하다. 로봇, 그 중에서도 전쟁을 치러야 하는 킬러로봇은 인간처럼 거래를 하거나 동정심 등을 느낄 수 없다. 최근에 미국 메사추세츠 공대 연구팀은 반사회적 인격장애 성향의 인공지능 '노먼'을 개발했는데 사고, 살인 같은 반사회적 데이터를 입력해 학습하게 하자 "인간을 죽이고 싶다."고 말했다고 한다.

광산에서 사람들이 암석 캐는 수고를 덜어 주려고 노벨이 개발한 다이너마이트가 사람을 죽이는 핵폭탄으로까지 발전했듯이 아무리 좋은 의도로 A.I.를 개발했어도 누군가 나쁜 용도로 쓰기 위해 악용한다면 그 순간 인류에게는 재앙이 될 것이다. 따라서 인명을 살상하는 데는 제어장치든 무기든 A.I.가 결정하고 선택할 수 있게 해서는 안 된다. 불순한 데이터가 입력되는 순간 그것은 무자비한 살인병기로 탈바꿈될 것이며 약간의 가능성만 있더라도 실현되는 순간 인류에겐 큰 불행이 될 것이므로 군사로봇은 군수품 수송이나 폭발물 설치 정도의 단순한 업무가 아니면 생산을 금지해야 한다. 일반 차량이나 다른 기기들도 많은데 굳이 인공로봇을 사용함으로써 불상사가 일어날 불씨를 만들어서는 안 된다고 생각한다. 비록 그럴 확률이 아주 낮더라도 말이다. 사건이 터지고 난 후에는 인간의 힘으로는 수습하기 어려운 재앙이 될 것이기 때문이다.

한국의 3D프린팅 기술 발전이 가져올 미래 사회의 변화상에 대해 근거를 제시하고 이로 인해 경제와 사회 분야에서 어떤 변화가 생길지 예측해 설명하라.

현재 우리나라 정부는 4차 산업혁명을 이끌 기술 중 하나로 3D프린팅 기술 개발에 지원을 아끼지 않고 있다. 금속 등의 부품을 가공하다가 절삭기에 손이 잘리는 등 다른 의미의 3D산업[더럽고(dirty), 하기 어렵고(difficult), 위험한

(dangerous)] 업종에 인력을 투입해 생산하는 대신 3D프린팅 기술을 이용해 맞춤형 부품 등을 만들고 건축자재나 자동차 몸체와 부품까지 개발하고 있다.

현재 세계 최초로 시판되는 전기자동차 LSEV는 타이어, 유리, 전기모터, 배터리를 제외한 57개의 부품을 모두 3D프린팅 기술로 제작했다. 아직은 시속 70km, 한 번 충전에 주행거리 170km에 불과하지만 앞으로 기술이 개발됨에 따라 주행거리와 시속도 곧 개선될 것으로 보인다. 전기차가 상용화됨으로써 가장 좋은 점이 있다면 우선 자동차 매연이 사라진다는 것이고 휘발유, 경유와 같은 부존자원의 고갈을 막는다는 것이다. 당장은 자동차 부품이나 건축자재, 인공장기, 반도체 분야에서 이 기술을 사용하고 있지만 이 외 거의 대부분의 스마트산업에서도 3D프린팅 기술은 활용될 전망이다.

이 기술이 상용화된다는 것은 3D프린팅을 활용하는 분야에서 기술자 이외의 사람들은 필요없다는 뜻이 되기도 한다. 기업은 제품 생산에 드는 비용을 절감할 수 있고 산업현장에서 사고가 현저하게 줄어들게 된다. 하지만 일을 기계가 대체하면 그 일을 하던 사람은 직장을 잃게 될 것이다. 이런 현상은 3D, 즉 3차원 프린팅이 담당하게 될 3D(더럽고, 하기 힘들고, 위험한) 업종에 국한된 일만은 아닐 것이다 3D프린팅 생산을 제어하는 기술 분야도 상당 부분은 A.I.가 맡을 전망이기 때문이다. 따라서 기술과 과학의 발전은 사람이 해 오던 작업을 기계로 대체해 갈 것이고 사람이 할 만한 일은 더욱 줄어들 전망이다. 하지만 역으로 사람들이 노동현장에서 하던 일들의 성격을 생각해 볼 필요가 있다.

A.I.의 원조라 할 수 있는 '로봇'이라는 말도 사실은 체코의 작가 카렐 차페크의 '로섬의 만능로봇(Rossum's Universal Robots)'에서 나온 말로 '강제노동'이라는 뜻을 가지고 있다. 즉 로봇은 인간이 하기를 꺼리지만 어쩔 수 없이 해야 했던 분야의 일을 대신하기 위해 생긴 현대 과학기술로 만든 노예인 것이다.

그리스 시대에 문화의 꽃이 피었던 것은 이런 3D 업종의 일을 인간 대접을 받지 못하는 노예가 대신 했던 덕이었다. 따라서 노예가 할 일을 A.I.와 기계가 대신 한다면 인간은 누구나 그리스 시대의 귀족, 조선시대의 왕족이나 양반이 즐겨 하던 일을 할 수 있게 될 것이다. 문제는 경제력인데 그것은 미래 정치 및

사회 체제를 사회 변화에 맞게 수정하면 극복할 수 있으리라고 생각한다. 자본주의의 폐단은 수정자본주의를 보다 진보시킨 미래 체제로 없앨 수 있기 때문이다. 예를 들어 기술혁신으로 거둔 자본을 국가에서 모든 국민이 기본권을 누릴 수 있도록 전 국민의 복지에 투자하면 된다. 이런 세상이 온다면 좋은 직업을 가지고 오랫동안 부유하게 생존할 수 있느냐 없느냐가 인생의 목표가 아니라 어떻게 하면 보다 인생을 가치 있고 풍요롭게 누리느냐가 중요한 인생의 목표가 될 것이다. 따라서 교육은 직업을 가지기 위해 적성도 희망도 무시된 채 행해지는 것이 아니라 자신이 하고 싶은 일을 선택해서 배우고 즐기는 일이라는 개념으로 변화될 것이다.

3D프린팅 기술 발전이 가져올 미래라고 해서 이 기술 한 분야만을 생각한다면 암담한 디스토피아를 예견할 수도 있으나 모든 기술이 발전한 사회에서 정치, 문화, 사회 성격도 모두 이에 적응하여 변할 것이므로 삶은 더 풍요로워지리라고 확신한다. 단 A.I.를 인간이 원하는 방향으로 다룰 수 있는 장치가 확고하게 마련되어 있어야 한다는 것이 전제조건이 되겠다.

요즘 범죄 통계를 보면 강력범죄를 저지르는 나이의 하한선이 점점 낮아지고 날로 흉포화 되고 있다. 장차 수사뿐만 아니라 검거 현장에도 A.I. 형사가 투입될 전망인데 범죄 현장에서는 종종 격투가 벌어지거나 심지어는 상해나 사망사고가 일어나기도 한다. 그러나 인간의 존엄성 문제와 로봇 3원칙 등을 적용하면 A.I. 형사는 행동에 큰 제약을 받을 수밖에 없을 것이다. 범죄 발생 현장에서 A.I. 형사에게 검거 등의 역할을 맡길 수 있는지에 대한 자신의 생각을 말하고 만약 있다면 어떤 근거로 가능한지에 대해 설명하라.

공상과학 소설이나 영화, 게임 등은 미래의 범죄 문제에 대해 많은 해결 방법을 시사한다. 이런 작품을 쓰기 위해서는 먼저 미래 기술과 미래학자들의 이론

등을 치밀하게 연구하고 조사해야 하기 때문이다. 범죄를 미연에 방지하기 위한 해결책이라는 입장과 그런 아이디어가 완전할 수는 없다는 입장을 모두 제시하고 있는 영화가 바로 『마이너리티 리포트』이다. 이 영화는 예지자들과 컴퓨터 시스템을 가동해 강력범죄가 일어나기 직전 범죄자를 검거해서 냉동형에 처하는 미래사회를 다룬 영화이다. 범죄에서 가장 중요하게 다루는 것이 바로 고의성인데 피해자가 같은 상해를 입었다고 할지라도 고의성, 즉 범죄 의도가 무엇인가에 따라서 살인미수가 되기도 하고 단순 상해죄가 되기도 한다.

영화의 결론은 아무리 범죄 실행 직전 검거했다고 하더라도 일어나지도 않은 살인이나 강력범죄에 대한 결과를 기정사실화하고 처벌하는 것은 옳지 못하다는 것이다. 현대 법은 보복이 아니라 범죄 성향을 지닌 시민을 교화하는 게 목적이므로 이 제도를 폐지하기로 결론 내린 것으로 보인다.

강력범죄 현장은 대부분 반사회적 성향에 흉기 등을 소지하고 있는 범인을 검거해야 하는 목숨을 건 전투 현장이다. 따라서 위험한 현장에 사람 대신 사이보그를 투입하는 것은 무척 적합한 것처럼 보인다. 또한 그들은 사람의 기억능력과는 비교가 되지 않을 정도로 많은 용량의 데이터를 뇌에 저장할 수 있고 중앙 컴퓨터의 빅데이터와 교신하는 것도 가능할 전망이다. 그러므로 사람보다 더 안전하고 정확하게 범인을 검거할 수 있다고 본다.

하지만 고도의 지능을 가진 A.I.는 마치 사람처럼 스스로 생각하고 판단하는 능력을 갖추기 때문에 사람과 A.I. 사이에 문제가 생길 때에는 A.I. 편에 설 수도 있다는 것은 기우(杞憂)가 아니다. 최근 메사추세츠 공대에서 있었던 실험이 이를 증명하고 있다. 부정적인 데이터를 입력시킨 A.I.가 사람을 죽이고 싶다는 표현을 했다는 것이다. 미래의 범죄 현장, 특히 A.I.와 인간 모두가 연루된 사건에서 일어날 수 있는 거의 모든 경우에 선택지 형식으로 결과를 보여주는 게임이 있다. 이 게임은 미래학자들, 로봇공학자들, 사회학자들의 결과를 모두 망라하여 사람이 생각해 낼 수 있는 경우의 수에 대한 결과와 통계 수치를 보여주고 있다. 이 게임의 제목은 『디트로이트: 비컴즈 휴먼』이다.

한때 자동차 산업의 메카, 즉 현대적 산업 기술의 메카이던 디트로이트는 아마

도 미래에는 로봇 생산의 첨단기지가 되어 있을 것이다. 이 게임의 주인공은 A.I. 범죄를 다루는 형사인데 그 역시 A.I.이며 그들이 사람을 해쳤을 때 사연을 접하고 보면 모두 공감 가는 것이라 자백을 받아 체포하고 재판에 넘기는 과정에서 갈등을 일으키게 된다. 그의 선택지는 가차 없이 처벌하는 것부터 온정을 베푸는 것, 몰래 풀어 주는 것까지 다양하다. 미래에 A.I.가 저지를 수 있는 범죄 종류를 거의 다 망라한 이 게임은 장차 그들이 저지를 수 있는 범죄의 종류를 보여주는 것 이상의 의미가 있다. 즉 사람을 본떠서 만든 그들에게도 인권에 준하는 권리를 적용해야 하는 것이 아닌가 하는 문제이다.

A.I.가 인간을 해할 수 없는 장치를 마련하는 것도 중요하지만 무엇보다도 감정과 고통을 느낄 수 있다면 그들의 기본 권리도 법적으로 보장해 주어야 하고 정상참작도 필요하다고 본다. 또한 서로 충돌하는 권리들 중 어떤 것을 우선시할 것인지에 대한 세부적인 입법과 A.I. 생산시 그것을 필수 입력 조항으로 정하는 것도 필요하다고 생각한다. 빅데이터를 통해 경우의 수를 모두 해결할 수 있는 입법 정책과 로봇 입력 정책이 성공한다면 적어도 사고가 아닌 한 큰 문제는 미연에 방지할 수 있다고 생각한다.

금상첨화 북송(北宋) 때, 당송팔대가(唐宋八大家)의 한 사람인 왕안석(王安石)이 만년(晩年)에 남경에서 은둔할 때 지은 시 「즉사(卽事)」에 나오는 구절. '비단에 꽃을 더한다.'는 뜻으로 좋은 일에 또 좋은 일이 더해진다는 뜻이다.

담수 바닷물처럼 염분이 섞인 염수에 대응하여 염분의 함유량이 적은 호수, 강, 시내 등의 육지에서 얻을 수 있는 물이다. 약간의 미네랄이 포함되어 있다.

유추해석 어떤 사항을 직접 규정한 법규가 없을 때 그와 가장 비슷한 사항을 규정한 법규를 적용하는 것을 말한다. 유추해석은 죄와 그에 대한 형벌의 종류를 법에 의해서만 정해야 한다는 원칙인 죄형법정주의의 원칙상 금지하고 있다.

셧다운제 청소년의 인터넷 게임 중독을 예방하기 위해 마련된 제도로 신데렐라법이라고도 하는데 '16세 미만의 청소년에게 오전 0시부터 오전 6시까지 심야 여섯 시간 동안 인터넷 게임 제공을 제한한다'는 것이 주 내용이다.

주무 관청 어떤 사무에 대한 모든 사항과 일 등의 처리를 맡아 보는 행정 관청.

효경 『효경(孝經)』은 『효경』이라는 제목을 지닌 문헌의 고유 서명이기도 하고, 『효경간오(孝經刊誤)』, 『효경언해(孝經諺解)』, 『효경대의(孝經代議)』 등을 통칭하는 명칭이기도 하다.(민족문화 대백과) 효경에서 가장 유명한 말은 "신체발부는 수지부모(身體髮膚受之父母)"라는 구절인데 '우리 몸의 털과 살갗은 부모에게서 받은 것이다'라는 뜻으로 부모에게서 물려받은 몸이 소중하다는 것을 의미한다.

무전유죄　돈이 없는 사람은 재판에 넘겨질 경우, 유능한 변호사를 고용할 돈이 없어 절대적으로 불리하고 판결에 영향을 미칠 지위에 있는 사람에게 청탁을 하거나 압력을 넣을 힘이 없어 무거운 형량을 받게 되는 잘못된 현실을 꼬집은 말이다.

빅데이터　기존 데이터보다 포함된 정보의 용량이 너무 방대하여 기존의 방법이나 도구로 수집, 저장, 분석 등이 어려운 정형 및 비정형 데이터들을 의미한다.

GMO식품　GMO란 'Genetically Modified Organism'의 약자이다. 즉 특정한 기능을 가지도록 해당 유전자를 변형시킨 개체를 말한다. 식품으로 쓰이는 생물의 유전자에 필요한 기능, 즉 비타민을 가지거나 병충해에 강한 특성 등을 부여하기 위해 유전자를 조작 변형시켜 얻는 식품을 GMO식품이라고 한다.

MOU　MOU는 'Memorandum Of Understanding'의 약자로 양해각서라고도 한다. 일반적으로 MOU는 어떠한 거래를 시작하기 전에 쌍방 당사자의 기본적인 이해를 담기 위해 진행되는 것으로 대개 체결되는 내용에 구속력을 갖지 않는다.

FTA　'Free Trade Agreement'의 줄임말로 자유무역협정을 뜻한다. 대개 이 협정을 맺은 나라들끼리는 관세를 인하하거나 아주 낮은 관세를 매겨 서로의 생산품을 자국의 생산품과 동일하거나 현저하게 낮은 가격으로 유통시킴으로써 협정을 맺지 않은 나라들보다 상호간의 무역에 큰 이익을 기대할 수 있다.

비교우위　한 나라가 국제무역에서 모든 교역 대상 품목을 낮은 비용으로 생산한다 할지라도, 최소한 하나 이상의 특정 상품에서는 상대국이 더 낮은 비용으로 생산하는 경우가 있을 수 있다. 이때 서로 비교우위에 있는 물건들을 생산하지 않고 더 싼 나라에서 수입하면 낮은 비용으로 보다 많은 생산품을 얻을 수 있다. 비교우위는 국제무역이 일어나는 이유가 된다.

식량 자급률   한 나라의 식량 소비량 중 국내에서 생산, 조달되는 식량은 얼마나 비중을 차지하는가가 식량 자급률이다. 더 쉽게 말하면 자기 나라에서 나는 식량으로 자기 나라 국민 전체가 먹고 살 수 있는 비율이 얼마나 되는가를 뜻한다. 식량 자급률 공식은 [국내생산량/국내생산량+순수입량X100]이다.

컨셉   'Concept(어떤 작품이나 제품, 공연, 행사 따위에서 드러내려고 하는 주된 생각)'가 원래 영어 단어이다. 한글맞춤법 표기를 따르자면 콘셉트라고 써야 한다.

시뮬레이션   복잡한 문제나 사회 현상 따위를 해석하고 해결하기 위하여 실제와 비슷한 모형을 만들어 모의적으로 실험하여 그 특성을 파악하는 일. 실제로 모형을 만들어 하는 물리적 시뮬레이션과 수학적 모델을 컴퓨터상에서 다루는 논리적 시뮬레이션 등이 있다. '모의실험'으로 순화해서 사용하도록 권유한다.

UCC(User Created Contents)   사용자 제작 콘텐츠를 뜻하는 신조어로서 개인적으로 직접 만든 저작물, 즉 영상, 사진, 심지어는 번역된 자막이나 지식iN에 올려진 답변 등을 모두 포함하는 콘텐츠를 말한다.

4차 산업혁명   인공지능, 사물 인터넷, 빅데이터, 모바일 등 첨단 정보통신기술(ICT)이 경제 · 사회 전반의 제조업과 융합되어 혁신적인 변화가 나타나는 차세대 산업혁명을 일컫는다.

딥러닝   딥러닝은 A.I.가 자신이 가진 지식(데이터)을 연결해 새로이 제기된 문제를 해결하는 인공지능의 '학습을 통한 문제해결능력'을 말한다.

도제식 교육   문하생이 기성 작가와 숙식을 함께하며 배우는 전통적 기술 전수
방식인데, 대부분 스승의 작업을 도와주는 보조자 노릇을 하며 틈틈이 스승에게
배우는 것으로 현대에는 제자의 노동력을 착취하는 방식이라는 점에서 거의 사라
진 교육 형식이다.

카타르시스   카타르시스는 '공포'와 '연민'이라는 감정에 기인하는 일종의 쾌감을
뜻하는 것으로 아리스토텔레스가 『시학』에서 비극은 감정의 카타르시스를 행한다
고 함으로써 문화 용어로서 정착되었다. 문학 작품을 감상하는 사람들은 등장인물
에 자신을 투사함으로써 감정을 이입하고 이야기에 정서적으로 참여해 카타르시
스를 간접 체험하게 된다.

◎ 참고 문헌 및 사이트

〈The shape of jobs to come〉

Possible New Careers Emerging from Advances in Science and Technology (2010–2030)

Fast Future Research, Rohit Talwar/Tim Hancock, January 2010

『잡(Job)아라 미래 직업 100』, 곽동훈 외, 스타리치북스, 2015

『미래를 함께할 새로운 직업: 2015 신직업 육성 추진 계획』, 한국고용정보원, 2015

『트랜스휴먼 시대에 따른 미래 직업 세계 연구』, 박성원·박가열 외, 과학기술정책연구원, 2017

『당신의 직업이 사라진다: 기술 빅뱅시대, 화이트칼라의 생존 전략』, Suh David S., 세종서적, 2017

『미래 직업 대예측, Next Job』, 박영숙·박세훈, 매일경제신문사, 2006

『4차 산업혁명과 미래 직업: 사라질 직업 살아남을 직업 생겨날 직업』, 이종호, 북카라반, 2017

* 아래 참고 사이트들은 기술, 사회구조에 대한 전망(예견) 등의 자료를 조사하고 수록하며

기사를 올리는 외국 사이트입니다.

www.fastfuture.com

www.foresight.gov.uk

www.techcast.org

www.futuremorph.org